中國學術思想
研究輯刊

八　編

林　慶　彰　主編

第21冊

焦竑及其學術研究

林桐城　著

花木蘭文化出版社

國家圖書館出版品預行編目資料

焦竑及其學術研究／林桐城 著 — 初版 — 台北縣永和市：花
木蘭文化出版社，2010〔民 99〕

序 2+ 目 2+132 面；19×26 公分

（中國學術思想研究輯刊 八編；第 21 冊）

ISBN：978-986-254-205-7（精裝）

1.（明）焦竑　2. 學術思想

112.67　　　　　　　　　　　　　　　　　99002438

ISBN - 978-986-2542-05-7

9 789862 542057

中國學術思想研究輯刊

八 編 第二一冊　　　　　　　ISBN：978-986-254-205-7

焦竑及其學術研究

作　　者	林桐城
主　　編	林慶彰
總 編 輯	杜潔祥
出　　版	花木蘭文化出版社
發 行 所	花木蘭文化出版社
發 行 人	高小娟
聯絡地址	台北縣永和市中正路五九五號七樓之三
	電話：02-2923-1455／傳真：02-2923-1452
網　　址	http://www.huamulan.tw 信箱 sut81518@ms59.hinet.net
印　　刷	普羅文化出版廣告事業
封面設計	劉開工作室
初　　版	2010 年 3 月
定　　價	八編 35 冊（精裝）新台幣 58,000 元

焦竑及其學術研究

林桐城　著

作者簡介

林桐城，1952 年生，籍貫：台灣雲林，東吳大學中國文學研究所碩士班畢業。曾任職於基隆二信中學（兼任）、淡水工商管理專校（真理大學 專任）、光武工商專校（北台灣科技學院 兼任）、台北科技大學進修學院（兼任）、現今任職於景文科技大學通識教育中心（專任）。專業領域為宋明理學、老莊哲學及周易。

提　　要

　　焦竑以學識宏博見稱，學術領域涉及之範圍極為廣博。本文著重於焦竑之生平著作、哲學思想、文學理論、小學與史學之研究。共分立五章十二節加以介紹，各章之內容大略分述如下：

　　第一章　焦竑之年譜及著作：以年譜繫其生平事蹟及交遊狀況，並考訂其著作，以明其著述之情形。

　　第二章　焦竑之思想：探討焦竑之心性論，闡述其心性旨義，焦竑以本性為道德源頭，故其倡修身蓄德當反求諸心，不須外索。而復性之方，乃本陽明之說，以根之利鈍而有分別，根利者「一切之解，盡情休歇」，即可歸復本性，根鈍者則非思為又思為不可。至於其三教歸一道之觀念，以其論述甚多，且與心性論有關，故而亦於是章一并陳述。

　　第三章　焦竑之文學：闡釋焦竑之文論與詩論，其論文重宗經晰理、師古創新及闡道濟時，而論詩乃以道性情，直抒胸臆為要，致若勸諭鍼砭則為實用觀念，與文論之闡道濟時相同也。

　　第四章　焦竑之小學：此章分文字、聲韻、訓詁三類，文字學論其字形之訂正，聲韻學除古音說，餘則說明其字音之訂正。而訓詁學即論列其經義之釋證及字義之訓解。

　　第五章　焦竑之史學：闡述焦竑之史學觀念，蓋就蒐集史料，得其人專其任及褒貶人倫三事釋之。

　　若論焦竑學術之成就與貢獻，大抵有數事：力主「博學實踐」，糾正陽明後學任心廢學之弊，為明末清初「實學」之先導，此其一也。倡導「師古創新」，去除七子後學剽竊之陋習，為公安派詩文理論之啟發，此其二也。提出「古無協音說」，奠定古音學研究之基礎，此其三也。廣泛蒐集史料，以為後世史家撰寫史書之依據，此其四也。故其學術當有承先啟後與革除時弊之功。

目次

序

　　焦竑以學識宏博見稱，所涉及之研究領域極廣，包括有陽明心學、老莊哲學、史學、考據學、文學、聲韻學與目錄學，乃明代陽明後學當中成就最為卓越者。其學術思想有承先啓後之功，實值得介紹與研究。

　　焦竑學術思想遠承先秦儒學，近探陽明之說，而主三教歸一道，雖不脫心性範疇，但與當時甚為熾烈之三教論風潮亦極有關聯。至其論文則尚師古創新、自標靈采，論詩則標舉直抒胸臆、發乎情性，蓋針對斯時前後七子之文風而發。而宗經與實用觀念，則承自儒家。由是可知焦竑之學不離乎歷史傳承，亦非獨立於時代之外，故而本論文所採行之研究方法，兼重時代環境及歷史傳承，盡力設身處地以探求焦竑學術思想之全貌。

　　撰寫本論文之前，余先考訂焦竑之著作及生平資料，以為研究焦竑之依據，進而排比擇取資料而分章定節。將全文分為五章十二節，首章為焦竑之生平及著作，生平採年譜形式撰寫，著作則不分真偽，不論存佚，皆收錄臚列，若為偽託或已佚失者則於敍錄中註明。第二章述焦竑之思想，以心性論及三教觀為主。第三章介紹焦竑之文學觀念，分文論及詩論兩節。第四章敍焦竑之小學，立文字、聲韻、訓詁三節論之。第五章為焦竑之史學，由於焦竑論史之篇章不多，僅二、三短篇而已，故五章之中，史學最單薄，難與前四章對比，然若不作則有遺珠之憾，因而惟有盡力而為，別無選擇也。

　　至於焦竑之目錄學本當一併論述，然研究焦竑國史經籍志者，已有昌師彼得之〈焦竑國史經籍志的評價〉，與李文琪之〈焦竑及其國史經籍志〉二文，論述已詳，以余之淺薄學力，自難有所超越，若再撰此章，必有駢姆贅瘤之嫌，因此本論文對焦竑之目錄學不再撰述。又焦竑頗致力於考訂文字之形、

音、義，及史事、典制、僞書，與詩句之典故，余於第四章嘗論及其有關文字形、音、義之考訂成果，而有關史事、典制、僞書，及詩句典故之考訂，難以小學囊括，又因林師慶彰之明代考據學研究已論述詳賅，故亦略而不言。

焦竑博學多聞，識見亦不俗，於是時學界貢獻甚大，論其要有三：

一、晚明之王學，趨於空言心性而忽略實修，談虛課玄而束書不觀，爲學者所詬病，焦竑則重博學實修，以爲非博學無以知性，不求諸實踐，良知爲畫餅，此眞知卓見正可矯治當時之歪風。

二、明代自弘治、正德至萬曆年間在文學上，前後七子之仿古風氣甚熾，有識者尚知師古創新，烏集之流則以剽竊古詞句爲高，焦竑爲此高唱文當脫棄陳骸、自標靈采。詩當抒發胸臆，發乎情性。頗能指陳時人之弊，以喚醒癡人之迷。

三、唐宋人以後世之音讀周秦有韻之文，遇有不合者，遂改音讀，以求合韻，此叶韻之說，行之甚久，不知古今韻有異。至焦竑及陳第始指明其誤，陳第著〈毛詩古音考〉、〈屈宋古音義〉以證己說，焦竑亦有〈古詩無叶音〉及〈毛詩古音考序〉闡述其說，雖不如陳第之詳悉，而其提出古韻說，開啓古音學之正途，實功不可沒。

撰寫本論文，由於對「研究題材」不熟，時寫時輟，曾數次萌生棄意，幸賴良師益友之鼓勵勸勉，始勉成斯篇。尤以董師金裕容忍吾之愚鈍，耐心鼓舞指導，或潤飾字句，矯正立論，或不厭其煩，解難析疑，更令余終身難忘，特此一併表示感佩之意。

中華民國七十八年五月林桐城序於東吳大學中國文學研究所

第一章　焦竑年譜及著作

第一節　年　譜 [註1]

　　焦竑字弱侯，號澹園，別號漪園，南京江寧人，原籍山東日照，[註2] 遠祖武略公焦庸明初以任官職而遷居金陵。[註3] 焦庸傳三代至武毅公文傑，即焦竑之父也。焦文傑字世英，居常优直持重，性尙風雅，執軍政四十年，至六十歲方辭戎職。文傑生四子，伯曰瑞，仲曰靖，季曰鐙，叔即弱侯也。焦竑幼年從長兄焦瑞學，及長師事耿定向，亦嘗問學於羅近溪，與耿定向之兄弟及李贄交善。由於生性好學，雖至老不倦，遂以博學見稱。其思想承自陽明之學，專以心性爲論，指人之本性乃倫理道德之源頭，欲成德至聖，須歸復本性。又有三教同歸一道之見解，時引佛語印證儒家心性之理，故而時人以禪學譏之。

明世宗嘉靖十九年（1540）庚子　焦竑生

　　焦竑之生平計有三說

[註1] 本年譜參考容肇祖之〈焦竑及其思想〉（燕京學報二十三期）及李文琪之〈焦竑及其國史經籍志〉（私立東海大學七十五學年碩士論文）

[註2] 《明過庭訓本朝分省人物考》卷十三焦竑本傳曰：「焦竑字弱侯，別號漪園，學者稱爲澹園先生，先世山東日照，隸南京旗手衛籍。」，《明儒學案》卷三十五泰州學案四焦竑本傳曰：「焦竑字弱侯，號澹園，南京旗手衛人。萬曆己丑進士第一人。京兆欲爲樹棹楔，謝以賑飢。原籍山東，亦欲表於宅，改置義田。」

[註3] 焦竑〈與日照宗人書〉曰：「我祖武略公（焦庸）自國初以官遊留金陵，二百餘載矣！」《澹園集》卷十三，江道崑〈故武毅將軍飛騎尉焦公墓志銘〉曰：「焦氏自瑯琊徙金陵，自別祖源始。」，二者之說有異，此取焦竑之說。

（一）為嘉靖十九年庚子

黃宗羲《明儒學案》卷三十五本傳曰：

> 泰昌元年卒，年八十一。

錢大昕《疑年錄》三附引《文武星案》曰：

> 嘉靖十九年庚子生。

案黃宗羲謂竑泰昌元年卒，年八十一，由上推之，即嘉靖十九年生。

（二）為嘉靖二十年辛丑

張廷玉《明史》卷二百八十八曰：

> 萬曆四十八年卒，年八十。

題萬斯同著之《明史》卷三百八十五曰：

> 萬曆四十八年卒，年八十，無疾卒。

王鴻緒《明史稿》列傳一六四曰：

> 萬曆四十八年卒，年八十。

錢大昕《疑年錄》三曰：

> 焦弱侯八十，生：嘉靖二十年辛丑。卒：萬曆四十八年庚申。

案張廷玉、萬斯同、及王鴻緒謂焦竑於萬曆四十八年卒，年八十，上推其生年，即嘉靖二十年辛丑。

（三）為嘉靖十八年己亥。

《明狀元圖考》卷三曰：

> 赴會試，寓燕京祖師廟，道士夢神告云：「有大狀頭相公。」是科果首唱，是年五十一。

案若竑登第時年為五十一，則其生年當為嘉靖十八年。

前三說之中，以嘉靖十九年庚子較為可信，下引數文為證。鄒元標〈焦弱侯太史還朝序〉曰：

> 弱侯以文行為士林祭酒者二十餘年，年五十始魁天下。（《鄒子願學集》卷四）

又其〈焦弱侯太史七十序〉又曰：

> 及艾，登上第。（《鄒子願學集》卷四）

耿定向之〈與焦弱侯書〉亦曰：

> 念賢茲當知命之年，乃有此一着。（《耿天台先生文集》卷三）

足見弱侯登魁之年爲五十歲，竑中式進士第時爲萬曆十七年己丑（1589），故計其生年當爲嘉靖十九年（1540）。又張燮之〈壽焦太史八十序〉曰：

今歲己未爲公杖朝之年。（《羣玉樓集》卷三十五）

己未年爲萬曆四十七年（1619）是年焦竑八十歲，計其生年亦爲嘉靖十九年。耿定向、鄒元標、及張燮諸人，非竑之師，即竑之友，所言較可信，至於清朝張廷玉、萬斯同、王鴻緒與錢大昕數人，蓋以距時較遠，輾轉傳述，不免有誤。矧焦竑於嘉靖四十一年（1562）受學於耿定向，竑嘗推崇耿定向曰：

吾輩至今稍知向方者，皆吾師之功也。（《澹園集》卷四十七〈崇正答問〉）

《老子翼序》又曰：

年二十有三，聞師友之訓，稍志于學。（《澹園集》卷十四）

焦竑如嘉靖四十一年爲二十三歲，則生年必爲嘉靖十九年。是故今以嘉靖十九年爲其生年。

嘉靖二十五年（1546）　丙丁　焦竑七歲

李贄二十歲，贄爲焦竑之篤友，此時正爲生計，四方奔走。李贄〈與焦弱侯書〉曰：「弟自弱冠餬口四方，靡日不逐時事奔走，方在事中猶如聾啞，全不省視之矣。」（《續焚書》卷一）

嘉靖三十一年（1552）　壬子　焦竑十三歲

李贄二十六歲，鄉試及第。《泉州府志》卷五十四曰：「嘉靖壬子，領鄉薦。」

嘉靖三十二年（1553）　癸丑　焦竑十四歲

羅汝芳登進士第。除太湖知縣。羅爲焦竑之師。張廷玉《明史》卷二百八十三曰：「汝芳，字維德，南城人。嘉靖三十二年進士。除太湖知縣，召諸生論學，公事多決於講坐。」又《明儒學案》卷三十四〈泰州學案〉三曰：「羅汝芳字惟德，號近溪，江西南城人。嘉靖三十二年進士，知太湖縣。」

嘉靖三十四年（1555）　乙卯　焦竑十六歲

應童子試，選爲京兆學生員。

明過庭訓《本朝分省人物考》卷十三曰：

年十六，應童子試，督學趙公大奇訝之，毗陵方山薛公見其文，爽然稱異。

焦竑〈福建漳州府通判春沂王先生墓誌銘〉曰：

余舞象時選爲京兆諸生。先生（王銑）適以松陽令改學博士矣。（《澹園集》卷二十九）

又〈永平府遷安縣金君玄予墓誌銘〉亦曰：

先是，歲乙卯，方泉趙先生董南畿學校，余與少司寇吳君伯恆（自新），憲副張君維德，學博李君鼎卿，及玄子（金光初）五人者，並以總角入京兆學。（《澹園集》卷二十八）

嘉靖三十五年〈1556〉　丙辰　焦竑十七歲

耿定向是年舉進士，耿定向爲焦竑之師。張廷玉《明史》卷二百二十一曰：「耿定向字在倫，黃安人。嘉靖三十五年進士」。又《明儒學案》卷三十五泰州學案四曰：「耿定向字在倫，號天臺，楚之黃安人。嘉靖丙辰進士。擢監察御史，以大理寺丞謫州判。」

李卓吾（贄）三十歲。

嘉靖三十七年〈1558〉　戊午　焦竑十九歲

鄉試下第。

竑於〈青陽陳氏譜序〉曰：

嘉靖戊午，余始識青陽陳水部於場屋。（《澹園集》卷十五）

嘉靖三十八年〈1559〉　己未　焦竑二十歲

得蘇轍《老子解》，蘇東坡《易書》二解。

焦竑〈刻兩蘇經解序〉曰：

聞宋兩蘇分釋經子，甚慕之，未獲也。弱冠，得子由《老子解》，奇之。尋於莉溪唐中丞得子瞻易、書二解。（《澹園續集》卷一）

於天界，報恩二寺讀書。

焦竑〈玉露堂稿序〉又曰：

尚憶余弱冠，讀書天界，報恩二寺。路旁松柏成行，皆居士（顧源）手種。（《澹園集》卷十六）

手種（《澹園集》卷十六）

楊愼卒，享年七十二。

嘉靖三十九（1560）　庚申　焦竑二十一歲

袁宗道生。

嘉靖四十年（1561）　辛酉　焦竑二十二歲

娶耆儒朱鼎第三女爲妻，朱氏時年二十三。

焦竑〈亡室朱趙兩安人合葬墓誌銘〉曰：

> 朱安人行三，耆儒朱公鼎女，嘉靖辛酉來歸，儷余者十有四歲。……
> 始朱安人至，余赤貧，苦無以養也。安人曰：「子異日必貴萬分，一
> 祿之弗逮，如後悔何？」盡出區中裝爲甘毳資。會太宜人善病，厭
> 藥餌，喜禱祠，歲輒四五舉，不繼則解釵釧營之。有謂無益者，安
> 人曰：「吾親爲一開顏，其益大矣。」（《澹園續集》卷十五）

嘉靖四十一年（1562）　壬戌　焦竑二十三歲

耿定向以監察御史督南直隸學校，始至金陵，焦竑即於是年受學於耿定向。

焦竑〈先師天臺耿先生祠堂記〉曰：

> 先生嘉靖壬戌以監察御史董學政，始來金陵……乃首聘楊子道南（希
> 淳）與講求仁之宗，以感屬都人士於學己；又拔十四郡之儁，羣之
> 學舍而造之。先生間一臨，相率持所疑難問，啓以機鑰，靡不心開
> 目明，歡喜踊躍，或不待詞說，而目擊意悟，虛往實歸者，往往有
> 之。（《澹園集》卷二十）

〈崇正堂答問〉又曰：

> 向來論學，都無頭腦。吾師耿先生至金陵，首倡識仁之宗，其時參
> 求討論，皆於仁上用力。久之領會者漸多，吾輩至今稍知向方者，
> 皆吾師之功也。（《澹園集》卷四十七）

《老子翼序》又曰：

> 余幼好剛使氣，讀老子如以耳食無異。年二十有三，聞師友之訓，
> 稍志於學，而苦其難入。有談者以所謂昭昭靈靈引之，忻然如有當
> 也。反之於心，如馬之有銜勒，而戶之有樞也。參之近儒而又有合

也。自以爲道在此矣！（《澹園集》卷十四）

管志道亦入耿定向之門下，與焦竑同門。

嘉靖四十三年（1564） 甲子 焦竑二十五歲

中鄉試舉人

明過庭訓《本朝分省人物考》曰：

嘉靖甲子，年廿四，舉於鄉。（卷十三）

徐開任之《明名臣言行錄》卷七四曰：

嘉靖甲子，年廿四，舉於鄉。〔註4〕

焦竑〈霓川沈先生行狀〉曰：

嘉靖甲子比士，上用言官議，兩畿分校，選京秩有學行者充之，於
是霓川沈先生以南屯部郎校尚書得十有三人，不佞某亦幸與焉。（《澹
園集》三十三）

〈永平府遷安縣知縣金君玄予墓志銘〉中焦竑亦曰：

甲子，余與伯恆舉于鄉。（《澹園集》卷二十八）

始識焦玄鑑於竞。

焦竑〈兵部職方清吏司主事洪潭焦公墓志銘〉曰：

余甲子計偕遇公於竞，問之余姓也，墜驢而揖，歡如平生。（《澹園
集》三十一）

嘉靖四十四年（1565） 乙丑 焦竑二十六歲

會試下第，還，益淬勵性命之學。

明過庭訓之《本朝分省人物考》曰：

乙丑下第，益淬勵身心性命之學。（卷十三）

始自率鄉人談孔孟之學。

焦竑〈許蒲塘七十序〉曰：

余自嘉靖乙丑率鄉人談孔孟之學。（《澹園集》卷十八）

顧起元生，其父國輔，少與竑爲縮帶交。焦竑〈中憲大夫寶慶知府前浙江
按察司副使毅菴顧公墓誌銘〉曰：「余少與公爲縮帶交，迨今三十年如一日

〔註4〕焦竑於嘉靖十九年（1540）生，是以嘉靖四十三年（1564）當爲二十五歲，明過
庭訓《本朝分省人物考》及徐開仕《明名臣言行錄》，謂焦竑此年二十四歲，非。

也。」（《澹園集》卷二十九）

嘉靖四十五年（1566）　丙寅　焦竑二十七歲

始識耿定向之弟耿定理，並與楊希淳、吳自新、耿定理切磋心性之學。

耿定向〈觀生紀〉曰：

> 其年仲子（耿定理）謁闕里，登泰山，還，若有所啓，與焦竑、楊
> 希淳、吳自新二三子商切有契，謂余若尚有閡，時時垂涕盡規，余
> 因有省益。余往猶未免尨無溺妙，以此合彼，見在至是，乃豁然一
> 徹也（《耿天臺先生全書》卷八）

六月，耿定向遴選十四郡名士，讀書崇正書院，延焦竑主其教。

耿定向〈觀生紀〉曰：

> 六月，崇正書院成，延焦竑主其教，橄髦士從講。著崇正書院會儀。
> （《耿天臺先生全書》卷八）

焦竑〈天台耿先生行狀〉亦曰：

> 先是，建崇正書院成，著會儀，遴選十四郡髦士，羣而鼓鑄之，屬
> 小子某領其事。余時奉先生之教，與二三子傳習其中。當是時，文
> 貞（徐階）以理學名卿首揆席，設簴待賢，下及管庫，視先生不啻
> 天符人瑞。而先生踞師儒之任，六年於玆，摩蕩鼓舞，陳言邪說，
> 披剝解散，新意芽甲，性靈挺出。士蘇醒起立，歎未嘗有，皆轉相
> 號召，雷動從之，雖縻他師者，亦藉名耿氏。海內士習，幾爲之一
> 變。（《澹園集》三十三）

夏中，鄒守益之孫鄒德涵，以參慮心學，未能有解，耿定向囑之與焦竑處，
踰年，始有悟。

耿定向〈觀生紀〉曰：

> 夏中，德涵至留都，居之明道祠，德涵就仲問學，數問而仲數不答。
> 德涵拂袂起曰：「吾獨不能自心參而向人吻求乎？」，歸鍵一室，靜
> 求者踰時，未有解。愈自刻勵，至忘寢食。余囑與焦竑處。踰年，
> 始有悟發，寓書重感得仲初相激。（《耿天台先生全集》卷八）

明穆宗隆慶元年（1567）　丁卯　焦竑二十八歲

耿定向陞遷大理右寺丞。張廷玉《明史》卷二百二十一曰：「隆慶初，擢大

理右寺丞。」

黃州從仕從焦竑學，是故竑始結交從仕之兄從任。

　　焦竑〈湖廣黃州府經歷從君子重墓志銘〉曰：

　　　　先是，隆慶丁卯，仕從余學，君始與余交。(《澹園集》卷二十八)

隆慶二年（1568）　戊辰　焦竑二十九歲

至北京會試，下第，並識高朗。

　　焦竑〈鴻臚寺序班高君子晦墓志銘〉曰：

　　　　余自隆慶戊辰識君京師，同門友善者十四年。……歲丙寅（嘉靖四
　　　　十五年），君兩弟以余師耿先生之命從余論學，間歸持余說告之，君
　　　　大喜，始慨然有從事其間之意。尋余過京師，君授鴻臚寺序班在焉，
　　　　一見恨相知晚。(《澹園集》卷二十八)

冬，適耿定向忤權臣閒居黃安，焦竑率其徒田既霈、李能之同往湖北黃安
省之，至次年春方歸。

　　明過庭訓《本朝分省人物考》曰：

　　　　適恭簡忤權里居擔登，入楚偕遊。(卷十三)

　　耿定向〈觀生紀〉曰：

　　　　焦弱侯率其徒田既霈、李能之同來省。(《耿天臺先生全書》卷八)

隆慶三年（1569）　己巳　焦竑三十歲

春，於湖北黃安，辭別耿定向家，與耿同登天臺山，是時同行者有耿定理、
耿定力及其里中子弟十人，耿定理令里中子弟引古語古詩贈竑，且欲竑逐
一作答。事後，耿定向送焦竑至官孝廉宅而別。

　　耿定向〈觀生紀〉曰：

　　　　春，偕弱侯登天臺。弱侯爲余賦北有台什。里中子弟從者十人。仲
　　　　子（定理）誚里中子弟無能賦者，令各稱引古語並古詩爲贈，欲弱
　　　　侯一一答之，模古人贈處之悱。叔子（定力）譔次之，爲天台別訂。
　　　　余送至官孝廉宅而別。(《耿天臺先生全書》卷八)

隆慶四年（1570）　庚午　焦竑三十一歲

管志道中鄉試舉人。

秋，焦竑偕鄒德涵同舟北上，次年三月始別。

　　焦竑〈奉議大夫河南按察司僉事鄒君汝海墓表〉曰：

　　　　初余與君群居金陵者三載，又庚午秋，同舟北上。明年三月，始別
　　　　去。（《澹園集》二十七）

隆慶五年（1571）　辛未　焦竑三十二歲

京師會試，下第歸。

　　焦竑〈劉君東孝廉傳〉曰：

　　　　憶歲辛未，余計偕都門，同志響臻。有襆被旅中，朝朝不能去者，
　　　　如君東（湉），尤有味於予言也。（《澹園續集》卷十）

管志道、耿定力同登進士。

冬、其母太宜人痰疾劇，焦竑與妻朱氏榻前不解帶而侍者匝歲。

　　焦竑〈亡室朱趙兩安人合葬墓志銘〉曰：

　　　　辛未冬，太宜人痰疾劇，余榻前不解帶而侍者匝歲。每嗽至，余兩
　　　　人捄之，呷少茗汁，乃安。夜至數十起以為常。太宜人嘆曰：「兒忘
　　　　疲固也。新婦將毋過勞乎？」，安人曰：「子婦以得事親為幸，胡勞
　　　　之知？」，然太宜人竟不起。（《澹園續集》卷十五）

隆慶六年（1572）　壬申　焦竑三十三歲

耿定向過金陵，與李贄及竑論學。

　　耿定向〈觀生紀〉曰：

　　　　隆慶六年壬申，白下儀部李正郎逢陽來訪仲子，偕吳存甫，附其舟
　　　　南遊，至白鹿洞，遇大參徐魯源用檢，聯舟東下，與商學，甚契驩，
　　　　若同胞，要至淮上，還過金陵，與李宏甫、焦弱侯輩商學。（《耿天
　　　　臺先生全書》卷八）

焦玄鑑於閏二月二十四日卒，享年五十三。焦竑為之作〈兵部職方清吏司
主事洪潭焦公墓志銘〉曰：「亡何，以積勞病侵，乃亟移至精舍，麾左右毋
近，正襟危坐而暝，隆慶壬申閏二月二十四日也，距生正德庚辰十一月十
六日，享年五十有三。」（《澹園集》卷三十一）秋，何心隱訪黃安。耿定
向〈觀生紀〉曰：「隆慶六年壬申……是歲秋，梁子汝元（何心隱之本名）
來，居之天窩。」（《耿天臺先生全書》卷八）

冬，丁母憂。（見焦竑之〈亡室朱趙兩安人合葬墓志銘〉）

明神宗萬曆二年（1574）　甲戌　焦竑三十五歲

春，耿定向奉命冊封魯府，還，過維揚，焦竑與王襞（東崖）迎之於眞州，
相商切學問，踰數宿而別。竑送定向至和州，定向爲述定理〈顏子不遷怒
不貳過解〉，竑深有契。（見《耿天臺先生全書》卷八之〈觀生紀〉）

十一月二十日，焦竑之妻朱氏卒，年三十六。

> 焦竑〈亡室朱趙兩安人合葬墓志銘〉曰：
>
> 朱安人行三，耆儒朱公鼎女。嘉靖辛酉來歸，儷余者十有四歲。生
> 子尊生，選貢；周，舉人；女二，壻諸生楊楷、梁子固，萬曆甲戌
> 十一月二十日卒，年三十有六。（《澹園續集》卷十五）

萬曆三年（1575）　乙亥　焦竑三十六歲

耿定向遷太僕少卿，尋晉都察院右僉都御史，協理院事。五日，丁內憂歸。
（見焦竑之〈恭簡耿先生行狀〉，《澹園集》卷三十三）

冬，娶武舉趙琦次女爲繼室。

> 焦竑〈亡室朱趙兩安人合葬墓志銘〉曰：
>
> 趙安人行二，武舉趙公琦女，乙亥冬爲余繼室，相儷者三十二歲。（《澹
> 園續集》卷十五）

萬曆四年（1576）　丙子　焦竑三十七歲

三月十五日趙貞吉卒，年六十九。《明儒學案》三十三秦州學案二曰：「萬
曆四年三月十五日卒，年六十九。」

萬曆五年（1577）　丁丑　焦竑三十八歲

會試下第，歸時與張鳳翼同舟南行。

> 焦竑〈答張伯起〉曰：
>
> 憶丁丑歲，與老丈方舟而南，見諭自此不復更出意，爲一時有激之
> 言。不謂丈自遂其高其果如此。（《澹園續集》卷五）

李贄以南京刑部尚書郎出守雲南姚安府知府，道經團風，捨舟登岸，直抵
黃安見耿定理及耿定向，而萌棄官留住之意。李贄〈耿楚倥先生傳〉曰：「丁

丑入滇，道經團風，遂捨舟登岸，直抵黃安見楚侹，並睹天臺，便有棄官
住之意。」

楊起元中進士第。《明儒學案》卷三十四秦州學案三曰：「楊起元字貞復，
號復所，廣東歸善人。萬曆丁丑進士，授翰林院編修。歷國子監祭酒，禮
部侍郎。最後召爲吏部侍郎兼侍讀學士，未上而卒，年五十三。」

萬曆六年（1578）　戊寅　焦竑三十九歲

潘絲卒，享年五十六。《國朝獻徵錄》卷一〇二〈汪道昆之雲南北勝州知州
潘叔子絲墓志銘〉曰：「戊寅疾，竟不起，春秋五十有六耳。」

案竑亦有〈潘朝言傳〉（《澹園集》廿四）及〈祭潘朝言〉（《澹園集》卷三
十五）文，謂潘絲爲新安人，曾從鄒守益、羅洪先、唐順之、周怡諸名賢
學。嘉靖乙丑年春，浙東盜起，將入歙，賊欲渡河，潘絲率勇卒六人，挐
舟登賊岸，殺其魁及桀驁者數人，賊軍爲之氣頹，自引而去。明日賊兵再
攻，旗甫出，又爲潘絲射仆，經數日之戰，終平賊亂，六邑獲全。後耿定
向雅重潘絲，擢知分水縣，三月而邑大治，頃之，移建德，以不得意而終。

萬曆七年（1579）　己卯　焦竑四十歲

秋，與毘陵徐士彰，尋買舊書，得十數種，中有酒經一冊，不著撰人姓名。
（見《焦氏筆乘》卷三，酒經條）

九月初二日，何心隱爲湖廣巡撫王之垣誣以奸逆，杖死。心隱嘗與竑之師
耿定向、羅近溪交遊。〈明儒學案秦州學案序〉曰：「梁汝元，字夫山，其
後改姓名爲何心隱，吉州永豐人。少補諸生，從學於山農，與聞心齋立本
之旨。……心隱在京師，闢各門會館，招來四方之士，方技雜流，無不從
之。是時政由嚴氏，忠臣坐死者相望，卒莫能動。有藍道行者，以乩術幸
上，心隱授以密計，偵知嵩有揭帖，乩神降語，今日當有一奸臣言事，上
方遲之，而嵩揭至，上由此疑嵩。御史鄒應龍因論嵩敗之。然上猶不忘嵩，
尋死道行於獄。心隱踉蹌，南過金陵，謁何司寇。司寇者，故爲江撫，脫
心隱於獄者也。然而嚴黨遂爲嚴氏仇心隱，心隱逸去，從此踪跡不常，所
游半天下。江陵當國，御史傅應禎、劉臺連疏攻之，皆吉安人也，江陵（張
居正）因仇吉安人。而心隱故嘗以術去宰相，江陵不能無心動。心隱方在
孝感聚徒講學，遂令楚撫陳瑞捕之，未獲而瑞去。王之垣代之，卒致之。

心隱曰:『公安敢殺我?亦安能殺我?殺我者張居正也。』,遂死獄中。」(卷三十二)周良相〈祭梁夫山先生文〉曰:「予己卯年九月初二日,聞梁夫山先生卒於非命。」(《何心隱集》附錄)

焦竑之執友李贄亦作〈何心隱論〉爲何心隱呼冤屈,並謂之爲:「出類拔萃之人,首出庶物之人,爲魯國之儒一人,天下之儒一人,萬世之儒一人也。」(見《焚書》卷三),其與焦竑書信又曰:

> 何心老英雄莫比。觀其羈絆縲絏之人,所上當道書,千言萬語,滾滾立就,略無一毫乞憐之態,如訴如戲,若等閒日子。今讀其文,想見其爲人。其文章高妙,略無一字襲前人,亦未見從前有此文字,但見其一瀉千里,委曲詳盡,觀者不知感動,吾不知之矣。(《續焚書》卷一,〈與焦漪園太史〉)

萬曆八年(1580)　庚辰　焦竑四十一歲

始記讀書所得,經二年,以北上會試而作罷,後由李士龍整理,取世說新語之編目括之,有不盡者,再括以他目,題名《類林》而成書。

焦竑〈題類林後〉曰:

> 余少嗜讀書,苦家貧,不能多致,時從人借本諷之。顧性頗愚,隨諷隨忘。有未嘗忘者,往來胸臆,又不能擧其全爲恨。表聖之詩不云乎:「亡書久似憶良朋」,眞余意中事也。庚辰,讀書,有感葛稚川(洪)語,遇會心處,輒以片紙記之。甫二歲,計偕北上,因罷去殘薰,委於篋笥,塵埃漫滅,不復省視久矣!李君士龍見之,謂其可以資文字之引用,備遺忘之萬一也,乃手自整理,取世說編目括之,其不盡者,括以他目。譬之溝中之斷,文以青黄,則士龍之爲也。(《澹園集》卷二十二)

李贄讀是書後曰:

> 「類林妙甚,當與世說並傳無疑。」(《續焚書》卷一,〈與焦漪園太史〉)

萬曆九年(1581)　辛巳　焦竑四十二歲

同門高朗卒,焦竑作〈鴻臚寺序班高君子晦墓志銘〉曰:

> 余自隆慶戊辰識君京師,同門友善者十四年。余廓略不受羈束,而

君斤斤務當繩墨；余學右解悟，而君意主質行；余懶漫避客，而君
喜纏綿禮節，交遊往來，若無一不爲，反乃其游，驩然兄弟不啻也。
（《澹園集》廿八）

李贄此年春，自雲南姚安府知府解官至湖北黃安，焦竑作〈李宏甫解官
卜築黃州寄贈〉贈李贄，曰：

夜郎三載見班春，又向黃州學隱淪。說法終憐長者子，隨緣一見宰
官身。門非陳孟時投轄，鄉接康成不買鄰。若欲移家難自遂，何時
同作灌園人。（《澹園集》卷四十一）

李贄〈與焦竑侯〉亦曰：

弟正月末可至黃安，兄如來往弔，可約定林及一二相知者至彼一會，
不惟於耿門弔禮不失，亦可以慰渴懷也。（《續焚書》卷一）

鄒守益之孫鄒德涵與焦竑、高朗悉耿定向之門下，亦於是年九月二十九日
卒，享年四十四。焦竑〈奉議大夫河南按察司僉事鄒君汝海墓表〉曰：「君
生嘉靖戊戌五月二日，卒萬曆辛巳九月二十九日，年四十有四。」

冬，應李氏之邀訪黃安，二人飲十日而別。

李贄〈壽焦太史尊翁後渠公八秩華誕序〉曰：

萬曆十年春，是爲侯家大人後渠八十之誕。先是，九年冬，侯以書
來曰：「逼歲當走千里，與宏甫爲十日之飲。」已而果然，飲十日而
別。（《續焚書》卷二）

案李氏於是文又謂焦竑別至中途，復以書告其父之生平事蹟，故而推知焦
竑亦當於是時請李贄撰此壽序。

萬曆十年（1582）　壬午　焦竑四十三歲

赴北上會試。

〈題類林後〉曰：

庚辰讀書，有感葛稚川（洪）語，遇會心處，輒以片紙記之。甫二
歲，計偕北上，因罷去殘薰，委於篋笥。（《澹園集》卷二十二）

李贄蟄居天臺山，耿定向築天窩以爲其居，是時與之同住天窩者，有管志
道、吳少虞、周柳塘，空菴上人數人。亦與焦竑時有書信往來，并間邀竑
遊天臺山。李贄復焦漪園曰：「東溟兄時在天窩，近山從之行，但不同至黃

安耳。東溟亦不久住此，此兄挫抑之後，收斂許多，殊可喜！殊可喜……

侗天爲我築室天窩，甚整。時共少虞、柳塘二丈老焉，絕世囂，怡野逸，

實無別樣出遊志念，蓋年來精神衰甚，只宜隱也。」（《續焚書》卷一）

又曰：「天窩住勝，可以終身。弟意已決，兄倘能再遊否？恐會期迫，不能

爾也。」（〈與焦竑書〉之十，《李卓吾遺書》卷上）

正月十三日，劉自強卒，年七十五。竑於二十年後作〈資政大夫刑部尚書劉

公神道碑〉記其事。劉自強嘗爲應天府尹，嘉靖四十三年甲子科鄉試，其爲

監試官，焦竑即於是年中鄉試舉人，故其於〈神道碑〉曰：「是歲，比士於鄉，

公總簾內外，部署勤愍，得人爲盛，余淺薄亦幸與焉。」（《澹園集》卷二十

六）焦竑於是文又曰：「歿，萬曆壬午正月十有三日，距生正德戊辰十二月三

日，享年七十有五。」

春，焦竑之父文傑逢八十之誕，李贄受焦竑之託，作〈壽焦太史尊翁後渠

公八秩華誕序〉，此壽序李氏寄空菴上人送去，然空菴自九江還，不至白下，

故託耿氏賫送。

　　李贄〈復焦漪園〉曰：

　　　壽言如命書幅，貯竹筒寄空菴上人去，今空菴復自九江還入山，不

　　　果至白下，此筒仍寄圍風，故復令耿使便過賫奉，想必達也。（《續

　　　焚書》卷一）

萬曆十一年（1583）　癸未　焦竑四十四歲

耿定向六十歲，竑作〈尊師天台先生六十序〉二篇。（《澹園集》十八）

會試下第，李贄去信慰問，並奉附《老子解》、《莊子解》二書。

　　李贄〈與焦弱侯〉曰：

　　　李如眞四月二十六日書到黃安，知兄已到家，藏器待時，最喜！最

　　　喜！……前寄去二解，彼時以兄尚未可歸，故先寄訊丈令送兄覽教，

　　　二解不知有當兄心不？南華如可意，不妨刻行，若未也，可即付之

　　　水火。（《續焚書》卷一）

　　李贄〈答焦漪園〉又曰：

　　　潘雪松聞已行取，三經解刻在金華，當必有相遺。遺者多，則分我

　　　一二部。我於南華已無稿矣，當時特爲要刪太繁，故於隆寒病中不

四五日塗抹之。老子解亦以九日成，蓋爲蘇註未愜，故就原本添改數行。(《焚書》卷一)

焦竑之同門潘士藻於今年中進士第。《明儒學案》卷三十五泰州學案四曰：「潘士藻字去華，號雪松，徽之婺源人。萬曆癸未進士。……先生學於天臺、卓吾」

王畿於六月七日卒，年八十六。《明儒學案》卷十二浙中門學案二曰：「王畿字汝中，別號龍溪，浙之山陰人。弱冠舉於鄉，嘉靖癸未下第還而受業於文成。丙戌試期，遂不欲往。文成曰：『吾非以一第爲子榮也，顧吾之學，疑信者半，子之京師，可以發明耳。』先生乃行，中是年會試。……年八十，猶周流不倦。萬曆癸末六月七日卒，年八十六。

萬曆十二年（1584）　　甲申　　焦竑四十五歲

焦竑之父焦文傑是年去世，年八十二。李贄修書慰問。

汪道昆之〈明故武毅將軍飛騎尉焦公墓志銘〉曰：

　　甲申，奉父武毅將軍諱越。……預定日時，合掌舉佛號而逝，時年八十有二。(《太函副墨》卷十七)

李贄〈壽焦太史尊翁後柒公八秩華誕序〉曰：

　　萬曆十年春，是爲侯家大人後渠八十之誕。(《續焚書》卷二)

李贄〈與焦弱侯〉曰：

　　尊翁八十以上，躋上壽矣，孝子無可恨矣！惟早晚自重自保，兄一生事全未動頭，萬自爲玉可。(與焦弱侯之十五，李卓吾遺書卷上)

作〈贈汪少臺參軍遷劍州州端序〉。曰：

　　甲申，移判劍州，行有日，楊君率其寮餞之江滸。(《澹園集》卷十七)
　　七月二十三日，耿定理卒，年五十一。李贄〈與弱侯焦太史〉曰：「此間自八老(定理)去後，寂寥太甚，因思向日親近善知識時，全不覺知身在何方，亦全不覺欠少甚麼，相看度日，眞不知老之將至。(《續焚書》卷一)

萬曆十三年（1585）　　乙酉　　焦竑四十六歲

胡直是年五月卒於官，年六十九。《明儒學案》卷二十二江右王門學案七曰：

「胡直字正甫，號廬山，吉之泰和人。嘉靖丙辰進士。初授比部主事，出
爲湖廣僉事，領湖北道。晉田川參議。尋以副使督其學政，請告歸。詔起
湖廣督學，移廣西參政，廣東按察使，疏乞終養。起福建按察使。萬曆乙
酉五月卒官，年六十九。」

萬曆十四年（1586）　丙戌　焦竑四十七歲

羅近溪至金陵，焦竑始問學於近溪。

    焦竑〈鳳麓姚公墓〉表曰：

      往丙戌，羅近溪先生至金陵、余與公（姚汝循，字鳳麓）諧之。

    張廷玉《明史》卷二百八十八曰：

      從督學御史耿定向學，復質疑羅汝芳。

袁宗道是年會試第一。

麻城周柳塘來訪羅汝芳，同舟下南昌，游兩浙，至留都。日與朱廷益、焦
竑、李登、陳履祥、湯顯祖諸人談學城西。（見《羅近溪先生全集》卷一）

秋八月除喪服。

    江道昆〈明故武毅將軍飛騎尉焦公墓志銘〉曰：

      丙戌秋、八月，弱侯乃禫。

從任於九月十四日卒，享年五十七，焦竑之〈湖廣黃州府經歷從君子重墓
志銘〉曰：「萬曆丙戌九月十四日君卒，距生嘉靖庚辰正月二十三日，享年
五十有七。」（《澹園集》卷二十八）

案從任之弟從仕爲焦竑之弟子，二人始交識。

冬，萬達甫來訪。

    焦竑〈萬純齋傳〉曰：

      往余庵廬在委巷窮絕處。丙戌歲，純齋君來訪，時游從稀簡，殘雪
      山積，擁被趺坐，續葦以燎，窗紙忽白者，不知幾信宿也。（《澹園
      集》二十五）

萬曆十五年（1587）　丁亥　焦竑四十八歲

焦竑之忘年交王襞（東崖）於十月十一日卒，年七十七。《明儒學案》卷三十
二泰州學案一曰：「王襞字宗順，號東崖，心齋（王艮）仲子也。九歲隨父至

會稽，每遇講會，先生以童子歌詩，聲中金石。陽明問之，知爲心齋子，曰：『吾固疑其非越中兒也。』……萬曆十五年十月十一日卒，年七十七。」

案焦竑嘗作〈贈王東崖先生五首〉（《澹園集》三十七）、〈奉懷王東崖先生卻寄〉詩（《澹園集》四十一）予王襞，又於王襞卒後十九年，作〈王東崖先生墓志銘〉（《澹園集》卷三十一）。

萬曆十六年（1588）　戊子　焦竑四十九歲

朱袗（號浠桂）卒。焦竑之〈朱方伯傳〉曰：「嘉、隆以來，蘄黃間以理學著者三四人，余師耿簡公、顧兩公，方伯浠桂公，一時士大夫指目爲清鏞大敦，以想見楚材之盛，而今不可作矣。……丁丑，起補浙江右布政使，忤時相意，謝政歸，踰十有一年。戊子，公卒。」（《澹園續集》卷十）

四月，李渭卒，年七十六。李渭爲焦竑之同門。

焦竑〈參知李公傳〉曰：「歲癸亥，余師天台耿先生董南畿學，同野李公從之遊，余乃獲交公。……生，正德癸酉十二月，卒萬曆戊子四月，享年七十有六。」（《澹園續集》卷十）

九月二日，羅汝芳卒，年七十四。《明儒學案》卷三十四〈泰州學案〉三曰：

> 「十六年，從姑山崩，大風拔木，刻期以九月朔觀化。諸生請留一日，明日午刻乃卒，年七十四。」

萬曆十七年（1589）　己丑　焦竑五十歲

舉會試第七人，廷對臚傳第一，官翰林修撰，讀書中秘，益討習朝章國典，精勤不懈。

張廷玉《明史》卷二百八十八曰：

> 萬曆十七年，始以殿試第一人官翰林修撰，益討習國朝典章。

《明儒學案》卷三十五〈泰州學案〉四曰：

> 萬曆己丑，進士第一人。

鄒元標〈焦弱侯太史七十序〉曰：

> 及艾登上第。

清錢謙益《列朝詩集小傳》曰：

> 萬曆己丑，舉進士，廷試第一人，除翰林修撰。

（丁集下、焦修撰竑）

　　清朱彝尊《明詩綜》卷五十五曰：

　　　竑字弱侯，上元人，萬曆己丑，賜進士第七。

　　明過庭訓《本朝分省人物考》卷十三曰：

　　　萬曆己丑，始舉會試第七人，廷對臚傳第一，天下咸以不愧科名歸
　　　之。

　　題萬斯同《明史》卷三百八十五曰：

　　　至萬曆十七年，始以殿試第一人，官翰林修撰，竑久負時名，及是
　　　名動天下。

　　《江寧縣志》卷十〈人物傳〉曰：

　　　萬曆己丑，殿試第一人，除修撰。（清佟世燕修、戴本孝纂）

　　焦竑〈劉太孺人六十序〉曰：

　　　歲己丑，上方招延茂異，思與翊贊鴻猷，黼黻大業之意甚盛，於是就
　　　諸進士選其儁乂，儲之館閣，得二十有五人，余與吳、陶兩君與焉。
　　　（《澹園集》卷十八）

京兆欲爲其樹棹楔表彰，竑辭謝而用之於賑饑，原籍山東，亦欲表於鄉里，
後改置義田。

　　明過庭訓《本朝分省人物考》卷十三曰：

　　　京兆欲爲樹棹楔，謝以賑饑。東省亦欲表於鄉里，竑曰：「幸爲田饘
　　　粥，宗人足矣。」

　　《明儒學案》卷三十五〈泰州學案〉四曰：

　　　京兆欲爲樹棹楔，謝以賑饑，原籍山東，亦欲表於宅，改置義田。

　　焦竑〈與日照宗人書〉亦曰：

　　　府縣坊銀到日，即儘數置祭田一處，所入田租，以供歲祀，餘察兄
　　　弟之甚貧者，量周之，俟後有力，陸續增置，爲經久計，鄙意亦漸
　　　爲歸老之地耳。（《澹園集》卷十三）

是歲竑檢中秘書，始獲蘇氏《論孟拾遺》。

　　焦竑〈刻兩蘇經解序〉曰：

　　　己丑，檢中秘書，始獲《論孟拾遺》。（《澹園續集》卷一）

案焦竑未言明蘇轍或蘇軾所作，故前不註明其作者。

十月三十日，查鐸卒，年七十四。查氏乃焦竑之故交，其嘗從王龍溪（畿）、錢緒山（德洪）諸人學，而私淑王陽明。焦竑〈憲副毅齋查先生墓志銘〉曰：「自文成先生倡學以來，興起者眾，若寧國貢受軒、沈古陵，餘姚王龍溪、錢緒山四公，並高足弟子。而親炙四公，以私淑文成者，於涇上得一人焉，曰毅齋查先生。余知學來，所接賢士大夫多矣，每見先生之友言必稱「我良朋」，先生之門人言必稱「我師」，而諗其爲粹然有道君子也。……時萬曆己丑十月三十日，距所生正德丙子正月十七日，享年七十有四。」

萬曆十八年（1590）　庚寅　焦竑五十一歲

六月十四日，劉澗卒，年六十。竑作〈劉處士傳〉。（《澹園集》卷二十五）

九月十九日，王銑（號春沂）卒，年八十七。銑爲焦竑京兆學生員時之教席。竑爲其作〈福建漳州府通判春沂王先生墓志銘〉（《澹園集》卷二十九）。

萬曆十九年（1591）　辛卯　焦竑五十二歲

李卓吾六十五歲，遊黃鶴樓之際，爲武昌鄉紳驅逐，謂其左道惑眾，焦竑修書勸其歸返麻城，然李氏不肯。堅欲居武昌。李贄〈與周友山書〉曰：「不肖株守黃、麻一十二年矣！近日方得一覽黃鶴之勝，尚未眺晴川，遊九峰也，即蒙憂世者有左道惑眾之逐。……然弟之改過實出本心，蓋一向以貪佛之故，不自知其陷於左道，非明知故犯者比也。既係誤犯，則情理可恕；既肯速改，則更宜加獎，供其饋食，又不但直赦其過誤已也。倘肯如此，弟當托兄先容，納拜大宗師門下，從頭指示孔門親民學術，庶幾行年六十有五，猶知六十四歲之非乎？」（《焚書》卷二）李贄〈與焦弱侯〉曰：「聞有欲殺我者，得兄分剖乃止。此自感德，然弟則以爲生在中國而不得中國半箇知我之人，反不如出塞行行，死爲胡地之白骨也。兄胡必勸我復反龍湖乎？」（《焚書》卷二）

三月二十四日，沈啓原卒，年六十六。沈氏於嘉靖四十三年選兩畿分校之生員，得十有三人，焦竑亦與焉。竑自謂爲沈氏之啓發甚大，受關愛亦始終備至，二十五年如一日，至焦竑萬曆十七年中進士第，沈氏心喜而貽書賀勉。焦竑〈陝西按察司副使霓川沈先生行狀〉曰：「嘉靖甲子比士，上用言官議，兩畿分校選京秩有學行者充之，於是霓川沈先生以南屯部郎校尚書得十有三人，不佞某亦幸與焉。異日宣猶著績，爲時名流者，項背相望，人以是多先生之鑒。獨不佞脈脈靡所樹，先生開發成就之，始終備至，蓋二十有五如一

日也。昨某濫竿一第，先生色喜，貽書鑴勉，即某淺薄不能副期待之百一，庶藉模楷以自免於詈戾，而先生逝矣！嗚呼痛可言哉！」(《澹園集》卷三十三)。

八月，許國罷相，焦竑作〈贈師少傅許公歸新安詩序〉贈之。(《澹園集》卷十五)

萬曆二十年（1592） 壬辰 焦竑五十三歲

奉令使大梁，于中尉西亭獲蘇轍之詩與春秋解。

> 焦竑〈刻兩蘇經解序〉曰：
>
> > 壬辰，奉使大梁，于中尉西亭，所獲子由詩與春秋解。(《澹園續集》卷一)
>
> 明過庭訓《本朝分省人物考》卷十三曰：
>
> > 壬辰，……是歲持節封周藩，盡却餽遺。

任應天府鄉試同考官。

> 焦竑〈順天府鄉試錄後序〉曰：
>
> > 臣自壬辰濫竽禮闈，至是兩與校士之役。(《澹園集》卷十五)
>
> 明過庭訓《本朝分省人物考》卷十三曰：
>
> > 壬辰，分試禮闈，所舉拔皆名流，雖三場廢牘，亦品隲多方，曰：「吾無負天下士也。」

王宗沐卒，焦竑作〈祭少司寇敬所王公〉(《澹園集》卷三十五)悼之。《明儒學案》卷十五浙中王門學案五曰：「王宗沐字新甫，號敬所，台之臨海人。嘉靖甲辰進士。在比部時，與王元美爲詩社，七子中之一也。」

作〈狀元率進士謝恩表〉(《澹園集》卷九)、〈上元縣志序〉(《澹園集》卷十四)、〈重修太倉銀庫記〉(《澹園集》卷二十)、〈和州重遷儒學記〉(《澹園集》卷二十)四文。

鄧元錫於七月十四日卒，年六十六。焦竑曾爲其作〈鄧潛谷先生經繹序〉。(《澹園續集》卷一)

《明儒學案》卷二十四，江右王門學案九曰：「鄧元錫字汝極，號潛谷，江西南城人。……舉嘉靖乙卯鄉試。志在養母，不赴計偕，就學於鄒東廓、劉三五，得其旨要。居家著述，成五經繹函史，數爲當路薦舉，萬曆壬辰，

授翰林待詔，府縣敦趣就道。明年，辭墓將行，以七月十四日卒於墓所，年六十六。」

萬曆二十一年（1593）　癸巳　焦竑五十四歲

出使大梁於是年還朝，會開史局，陳于陛欲竑專領其事，謙讓未遑，竑上〈修史條陳四事議〉，然史事中止，於是網羅四海舊聞，私成《獻徵錄》百二十卷，又先撰《國史經籍志》六卷，其他無所撰。

明過庭訓《本朝分省人物》卷十三曰：

> 是歲持節封周藩，盡却饋遺。癸巳，還朝，會開史局，南充相公意專屬竑，乃更謙讓未遑，爲條四議以進，然正史卒不就，於是網羅四海舊聞，爲《獻徵錄》百二十卷。

《明儒學案》卷三十五〈泰州學案〉四曰：

> 癸巳，開史局，南充意在先生，先生條四議以進，史事中止，私成《獻徵錄》百二十卷。

案張廷玉《明史》卷二百八十八焦竑本傳則謂：

> 二十二年，大學士陳于陛建議修國史，欲竑專領其事，竑遜謝，乃先撰經籍志，其他率無所撰，館亦竟罷。

又題萬斯同著之《明史》亦曰：

> 二十二年，修國史，內閣陳于陛欲竑專領其事，竑謝不敏，乃先撰經籍志，其他率無所撰，館亦竟罷。

是以開史局之事，其時年有萬曆二十一與萬曆二十二年之別，今以過庭訓及黃宗羲皆明代人，距時較近，且前述焦竑之生卒年，張廷玉之《明史》卷與萬斯同之《明史》所言皆不確，故今取過庭訓與黃宗羲之說。

吳自新（號伯恒）卒，年五十三。竑作〈祭吳伯恒〉（《澹園集》卷三十五）。吳自新乃耿定向門下，與焦竑同門，自新官至刑部侍郎，曾官杭州知府，竑有〈送吳伯太守之杭州〉二首（《澹園集》卷四十一）

焦竑之師耿定向七十大壽。

四月十九日，汪道昆（號南明）卒，二年後，竑作〈兵部左侍郎南明汪公誄〉（《澹園集》卷三十四）。汪道昆亦嘗爲焦竑之父作〈明故武毅將軍飛騎尉焦公墓志銘〉。（《太函副墨》卷十七）

八月八日，張緒卒，享年七十四。焦竑〈張甑山先生墓志銘〉曰：「先生張姓諱緒，字無意，楚之漢陽人。嘉靖庚子省試，以《易》魁其曹。」（《澹園集》卷三十一）

萬曆二十二年（1594）　甲午　焦竑五十五歲

皇太子出閣，擇東宮講官六人，焦竑亦與焉。依往例，講官進講罕有問者，竑講畢，徐曰：「博學審問，功用維均，敷陳或未盡，惟殿下賜明問。」皇長子稱善，然無所質難。一日，竑復進曰：「殿下言不易發，得毋諱其誤耶？解則有誤，問復何誤？古人不恥下問，願以爲法。」皇長子復稱善，亦竟無所問。竑與同列謀曰：「吾儕啓其端，以便下問若何？」同列皆然之，於是每講必從容叩問，而皇長子亦答無滯礙，由是中外咸知睿質之美，亦由竑善啓之也。嘗講次，值群鳥飛鳴，皇長子仰視，竑輒肅立輟講，俟皇長子斂容聽，乃復講如初。竑每講畢，必取先朝典制及民間疾苦，條陳之，皇長子亦虛懷聽納，深加獎勞。竑嘗採古儲君事可爲法戒者爲《養正圖說》，擬進之。同官郭正域輩惡其不相聞，目爲賈譽，竑遂止。（事見張廷玉《明史》卷二百八十八，列傳一百七十六，文苑四焦竑本傳。題萬斯同著之《明史》卷三百八十五焦竑本傳，明過庭訓之《本朝分省人物考》卷十三焦竑本傳。）

萬曆二十三年（1595）　乙未　焦竑五十六歲

正月，金光初卒，年五十九。金氏爲焦竑之僚婿（連襟），其繼室朱氏乃焦竑妻室之妹，二人爲姻婭之親。竑爲其作〈永平府遷安縣知縣金君玄予墓志銘〉（《澹園集》卷二十八）

萬曆二十四年（1596）　丙申

作〈承新縣遷復廟學記〉（《澹園集》卷二十）

正月四日，張啓元（字應貞）卒，年七十二。焦竑後爲之作〈奉政大夫福建按察司僉事張公應貞墓表〉。（《澹園集》卷二十七）

六月二十一日，耿定向卒，年七十三。竑爲其作〈資德大夫正治上卿總督倉場戶部尚書贈太子少保謚恭簡天臺耿先生行狀〉。（《澹園集》卷三十三）

萬曆二十五年（1597）　丁酉　焦竑五十八歲

秋，任順天府鄉試之副考官，焦竑平素既負重名，性又疏直，於時事有所不可，輒形於言論，以故政府多惡之，張位尤甚。又所司以考官之名上，神宗則特用竑，於是諸不獲者亦不悅。俟榜發，舉子曹蕃等九人大多奇險語，都下遂有浮言，而給事中項應祥，曹大咸糾劾焦竑，詆竑為莽、操、懿、溫，且及其他事，焦竑作〈謹述科場始末乞賜查勘以明心跡〉一文辯駁。焦竑於此文雖已言明真相，且據理論爭，然猶為張位謫官為福寧州同知，房考何崇業亦被貶官，考生汪泗論、曹蕃二人之舉人資格亦遭廢除，並永停二人會試資格，至於主考官全天敍則置之不究，一時輿論頗為竑等不平，焦竑事後提及是事，忿忿之心猶存，〈與李儀部〉一書曰：

> 偶科場之役，為主上越次點用，兩人者遂合謀傾之。科臣受其指嗾，不復加察。尋見僕辯疏，始知分經校閱故事，而彼所摘非僕取中之人，即向令師痛自悔恨，而業無及矣。當時行道之人，為僕辯激，冠髮為指。薦紳中乃絕無一相暴白者，甚且不齒之人，搖脣攘臂，若赴仇敵，以悅當事者，往往有之。（《澹園集》卷十三）

又其為汪泗論作墓志銘時亦曰：

> 次嶽汪君子泗論，余為考官時所舉士也。故事考官兩人分校五經，泗論實隸他考官。會權姦意欲有所騁，而陰忌余，嗾其黨以科場為端，將擊去之，波及泗論，公車阻不上者數載。余常以為愧。（《澹園續集》卷十三〈太學次嶽汪君墓誌銘〉）

足見焦竑對是次科場被誣之事，始終不能釋懷。（焦竑科場被誣之始末，見張廷玉《明史》卷二百八十八本傳、題萬斯同著之《明史》卷三百八十五本傳、明過庭訓《本朝分省人物考》卷十三本傳、《明儒學案》卷三十五〈泰州學案〉四本傳。）

作〈刻兩蘇經解序〉。

　焦竑〈刻兩蘇經解序〉曰：

> 丁酉，侍御畢公哀而刻之，而子瞻《論語解》，卒軼不傳，刻成而子為之序。（《澹園續集》卷一）

九月二十五日，王懋卒于京師，年六十一。是時焦竑任順天府鄉試副主考官，方出闈。王懋卒後，焦竑與潘士藻親自為其含斂。竑為其作〈刑部山

西清吏司員外郎守原王公暨配宜人胡氏合葬墓志銘〉曰：「公與余交最善且久，其卒長安邸也，余憑而哭之，爲經紀其喪。……余是時有校士之役，比出闈，一再握手，而公卒，時丁酉九月二十五日也。余與潘君去華躬爲含斂，俟其子至，授之。未幾，而余且以罪廢。嗟乎！德孺與余年相亞，地相望，立朝先後相若，比公即世而余亦罷歸里居。藉令公於今在也，必有以開余者，而不可得矣。」（《澹園集》卷三十）

十一月二日，姚汝循（號鳳麓）卒，年六十三。姚氏爲焦竑之故交，嘗與竑於萬曆十四年問學於羅近溪。竑爲之作〈中憲大夫直隸大名府知府鳳麓姚公墓表〉曰：「公以盛年謝事巖居，留意問學。往丙戌羅近溪先生至金陵，余與公詣之，先生論明明德之學，公曰：『德猶鑑也，匪翳弗昏，匪磨弗明。』先生笑曰：『明德無體，非喻所及，且公一人耳，爲鑑爲翳復爲磨者可乎？』公聞之有省，自是浸浸寖入矣！……萬曆丁酉十月一月二日終於里第，距生嘉靖乙未六月十有五日，享年六十有三。（《澹園集》二十七）

十一月十六日，黃尚質（號龍岡）卒，年七十八。黃氏爲焦竑之鄉賢，竑甚敬慕之，焦竑爲之作〈江西饒州府通判龍岡黃公墓志銘〉曰：「自余齠年出入里閭時，共推爲賢者有三人焉。其一人曰禮部尚書郎李公維明，其一人曰余兄靈山令伯賢，其一人曰公。三人者鄰辟雍而居，相去僅數百武，學問游處，亡一日不同。其篤朋友，敦行誼，攻文學，名於一時。學者見此三人，無不親就而尊禮之。……生，正德庚辰六月二十五日，卒，萬曆丁酉十一月十六日，享年七十有八。」（《澹園集》卷三十）

萬曆二十六年（1598） 戊戌 焦竑五十九歲

與李贄同訪定林庵。定林庵爲焦竑之方外友人定林所創建，位于金陵東北棲霞山麓。

李贄〈定林庵記〉曰：

余不出山久矣。萬曆戊戌，從焦弱侯至白下，詣定林庵，而庵猶然無恙者，以定林在日素信愛於弱侯也。（《焚書》卷三）

作〈崇報祠記〉。（《澹園集》卷二十一）

春，與李贄相偕返南京。

汪本鈳之〈哭卓吾先師告文〉曰：

丁酉……尋師於北京極樂寺。……明年春，師同弱侯焦先生抵白下。

（李卓吾遺書附錄）

春，焦竑赴福寧州就任，與李贄相偕放舟南行。

李贄〈龍谿先生文錄抄序〉曰：

今春余偕焦弱侯放舟南邁，過滄洲，見何泰寧。泰寧視龍谿爲鄉先生，其平日厭飫先生之教爲深，熟讀先生之書已久矣！意欲復梓行之，以嘉惠山東、河北數十郡人士，即索先生全集于弱侯所。弱侯載兩船書，一時何處覓索。泰寧乃約是秋專人來取，而命余圈點其尤精且要者。（《焚書》卷三）

李贄〈老人行敍〉亦曰：

今幸偕弱侯聯舟南邁，舟中無事，又喜朋盍，不復爲閉戶計矣！括囊底，復得遺草，彙爲二册，而題曰老人行，不亦宜歟。（《續焚書》卷二）

三月，盛敏耕（字伯年）卒，年五十三。竑爲之作〈茂才盛君伯年暨配徐氏合葬墓志銘〉（《澹園集》卷三十一）。

八月三日，焦竑之兄女婿李應時（字維中）卒，年四十二，竑爲之作〈太學生李君維中墓志銘〉。（《澹園集》卷二十九）

楊起元卒，年五十三。竑爲之作〈羅楊二先生祠堂記〉。（《澹園集》卷二十）

萬曆二十七年（1599） 己亥 焦竑六十歲

辭去福寧州同知歸南京。

張廷玉《明史》卷二百八十八本傳曰：

歲餘大計，復鐫秩，竑遂不出。

按《福寧府志》卷十五亦載萬曆二十七年之州同知由施善教繼任，是以知焦竑於是年辭官歸南京。

爲李贄作〈藏書序〉（見《藏書》卷首）。

李世達（號漸庵）卒，年六十七。竑爲之作〈御史大夫李敏肅公誄〉。（《澹園集》卷三十四）又作〈御史大夫李郎肅公傳〉。（《澹園續集》卷十）。

李一恂至金陵請作〈繁昌縣重修儒學記〉（《澹園集》卷二十。）

作〈應王府重修廟學記〉（《澹園集》卷二十）

九月一日王樵（號方麓）卒，年七十九，竑爲其作〈祭御史大夫方麓王公〉（《澹園集》卷三十五）及〈南京都察院右都御史方麓王公行狀〉（《澹園集》三十三）。

萬曆二十八年（1600）　庚子　焦竑六十一歲

如方、如覺二僧請竑作〈幕府寺脩造記〉。（《澹園集》卷二十一）

六月二十三日，畢士范（字一衡）卒，年五十四，畢氏乃潘士藻門人。竑爲其作〈戶部山西清吏司員外郎畢君一衡墓志銘〉。（《澹園集》二十九）。

八月五日，吳邦正（號貞菴）卒，年五十七。其子吳必登請竑爲之作〈游擊將軍貞菴吳公墓志銘〉。（《澹園集》三十）

十月二十九日，潘士藻（字去華，號雪松）卒，年六十四。竑爲之作〈祭潘符卿〉（《澹園集》三十五），於萬曆三十年又爲之作〈奉直大夫協正庶尹尙寶司少卿雪松潘君墓志銘〉曰：「自吾師耿天臺先生倡道東南、海內士雲附景從，其最知名有蕺陰之王德孺（懋），芝城之祝無功（世祿），與新安之二潘，潘之字朝言者（絲），既以絕世之姿，不究其用於時以死（事見萬曆六年條下），而與吾輩遊獨去華氏爲最久。當是時，自天臺教外，旁出一枝，則有溫陵李宏甫，去華並師而嚴事之。」（《澹園集》卷三十）

十月袁宗道卒，年四十一。

李贄復回龍湖，麻城鄉紳欲再逐之，焦竑勸其走避，李氏不肯，是年冬果爲所逐。馬經綸之上當道書一亦謂麻城鄉紳「毀其廬，逐其人，並撤其埋藏此一具老骨頭之塔」。（《李溫陵外紀》卷四）

萬曆二十九年（1601）　辛丑　焦竑六十二歲

作〈贈兵憲鄭一所公暨配某宜人雙壽序〉。（《澹園集》卷十八）

七月，耿定向門人華復元卒，年七十二。焦竑爲之作〈南京戶部江西司署郎中事員外郎華君墓志銘〉。（《澹園集》卷三十一）

萬曆三十年（1602）　壬寅　焦竑六十三歲

作〈獻花巖志序〉。（《澹園集》卷十五）

二月，作〈先師天臺耿先生祠堂記〉。（《澹園集》卷二十）

二月五日李贄預作遺言，吩咐子弟墓前之石碑，必題曰：「李卓吾先生之墓。」，並請焦竑書寫。（《續焚書》卷四，遺言）

李贄遭禮部給事中張問達誣陷，於御史馬經綸家中被補。三月十五日於獄中自割其喉，翌日逝世。享年七十六歲。（事見袁中道之〈李溫陵傳〉、汪本鈳之〈哭卓吾先師告文〉）焦竑之〈奉直大夫協正庶尹尙寶司少卿雪松潘君墓志銘〉亦言及此事曰：「今歲宏甫以誣被逮死燕邸。余既不能奮飛，而相知者率陰拱而不肯援，使君而在，亦豈至此極也。」（《澹園集》卷三十）

萬曆三十一年（1603）　癸卯　焦竑六十四歲

刊印《京學志》，竑自爲序。（《澹園集》卷十四）

二月十一日，竑之友人張朝瑞（號鳳梧）卒，萬曆三十二年竑爲之作〈中憲大夫南京鴻臚寺卿鳳梧張公墓表〉。（《澹園集》卷二十七）

六月二十六日作〈祭黃侍中翁主人及二女〉。（《澹園集》卷三十五）

十月九日，竑至新安還古書院講學，會眾一千多，萬曆三十四年門人謝與棟彙集學者所錄爲〈古城答問〉一卷。（《澹園集》卷四十八）

萬曆三十二年（1604）　甲辰　焦竑六十五歲

陳第至金陵，造訪焦竑，與之論古音，後作〈毛詩古音考〉，竑於萬曆三十四年夏爲其作〈毛詩古音考序〉。（《澹園集》卷十四）此後竑亦爲陳第父母作〈陳木山公小傳〉、〈楊孺人小傳〉（《澹園續集》卷十）。又爲陳第作〈題寄心集〉，〈題尙書疏衍〉（《澹園續集》卷九），〈伏羲圖贊序〉（《澹園續集》卷一）。

作〈書畫塲錄〉。（《澹園續集》卷九）

正月十一日，顧養謙卒，竑後爲其作〈資德大夫都察院右都御史兼兵部左侍郎贈兵部尙書沖菴顧公暨配淑人李氏神道碑〉（《澹園續集》卷十一）。

閏九月九日，趙崇善（號石梁）卒，年六十三，竑後爲其作〈太常寺少卿石梁趙公墓志銘〉。（《澹園續集》卷十四）

十一月十九日，王之坦卒，年七十八，竑後爲其作〈少司農王公傳〉（《澹園集》卷二十五）

十二月一日，沈啟源（事見萬曆十九年條下）之弟沈啟南卒，竑後爲其作〈光祿寺署丞沈君道明暨配王令人墓表〉。（《澹園集》卷二十七）

萬曆三十三年（1605）　乙巳　焦竑六十六歲

一月二十七日，田應元卒，年五十一。焦竑後爲其作〈昭武將軍上輕軍都尉參將田君墓志銘〉。（《澹園集》卷三十）

萬曆三十四年（1606）　丙午　焦竑六十七歲

作〈溧陽伍相國廟碑〉（《澹園續集》卷四）

正月八日，汪鈇（字公良，號泗論）卒，年六十四，竑爲其作〈太學次嶽汪君墓志銘〉（《澹園續集》卷十三），汪氏於萬曆二十五年會順天府鄉試，本已中舉人，後以焦竑爲當道誣陷，謂竑徇私，焦竑被貶官，汪氏亦爲牽連，舉人被廢，并永停其會試資格。（參見萬曆二十五年條下）

六月五日，吳希元（號新宇）卒，年五十六。竑爲其作〈徵仕郎中書舍人新宇吳君行狀〉（《澹園續集》卷十六）。

夏，焦竑之筆乘由門人謝與棟刊行。

秋，於金陵羅近溪祠講學，佘永寧錄其所聞爲〈明德堂答問〉一卷（《澹園集》卷四十九），佘永寧序之曰：

萬曆丁酉，予受學於復所楊師，師謂予曰：「先師子羅子之特至金陵也。稔知焦子弱侯具大力，異日必弘斯道也。」予於是景仰焦先生若山斗然……丙午，諸友復會金陵，就子羅子之祠舉所見而正焉。先生精神煥發，視疇昔更倍。聞者歡喜踊躍，得未曾有，若惟恐其言之盡也。予追憶楊師所云「弘道」語，可謂不虛，而子羅子臨之在上，又不知其樂當如何矣！友人程渾之氏，謂聞先生教，宜識不忘，而以屬予。乃爲述其什一如此，且以請裁於先生云。（《澹園集》卷四十九）

十月二十六日，許承謙（號懷泉）卒，年六十八，竑爲其作〈懷泉許隱君墓志〉（《澹園續集》卷十四）。

十二月刊行《澹園集》，耿定力爲之作序。（《澹園集》卷首）

萬曆三十五年（1607）　丁未　焦竑六十八歲

七月二十四日，繼室趙氏卒，年五十二。十月十二日奉其柩與朱安人同窆。焦竑〈亡室朱趙兩安人合葬墓志銘〉曰：

趙安人，行二，武舉趙公琦女，乙亥冬爲余繼室，相儷者三十二歲，

生子潤生，諸生。孫綱。女二，壻諸生王鏡、歐陽曄。卒丁未七月
二十四日，年五十二。（《澹園續集》卷十五）

九月二十三日，俞霑（號定所）卒，年七十二。竑爲之作〈按察司副使備
兵大名定所俞公墓志銘〉曰：「義興有純心質行之君子，曰俞定所公者，與
余同鄉，舉以學相資益者垂三十年。萬曆丁未九月二十有三日以疾終於正
寢。」（《澹園續集》卷十四）

萬曆三十六年（1608）　戊申　焦竑六十九歲

李國士卒，年七十五。焦竑〈山西布政使司左布政使正屏李公墓志銘〉曰：
「余舉於鄉，實與公同籍，主者爲鄞汪先生，得公卷，大奇之，拔爲第六
人，錄其文以式，公名藉籍，四方莫不聞。」（《澹園續集》卷十四）

正月十一日，沈鳳翔卒，年六十，竑爲其作〈戶科右給事中沈君孟威墓志
銘〉曰：「君結髮從余兄伯賢先生遊，尋復爲余禮闈所取士，蓋世以文行相
砥也。頃余既廢斥，意以未竟之志託之君，乃所發抒什未一二，而悒悒以
死，嗚呼！痛可言哉？」（《澹園續集》卷十三）

　二月，作〈嘉善寺蒼雲崖記〉。曰：
　　始萬曆丁未秋，明年二月成，瑯琊焦竑集諸名勝，燕而落之，因著
　　其事，刊於樂石。（澹園續集四）

七月十五日，管志道（字登之）卒，年七十二。焦竑〈廣東按察司僉事東
溟管公墓志銘〉曰：「管公東溟與余同遊耿恭簡公之門，平生銳意問學，意
將囊括三教，鎔鑄九流，以自成一家之言，其志偉矣！萬曆戊申七月十五
日，以疾終於家。……其言閎博逶迤，詞辯蠭涌，大歸冀以西來之意密證
六經，東魯之矩收攝二氏，以是行於己，亦以是言於人，至晚節爲《四子
訂測》，則一歸平實，而公之所詣，彌不可及已。」（《澹園續集》卷十四）

十月，竑之同門楊棟之父楊珂卒，後竑爲之作〈封文林即浙江上虞縣知縣
清潭楊公墓志銘〉。（《澹園續集》卷十四）

十二月，作〈和州儒學尊經閣記〉。（《澹園續集》卷四）

萬曆三十七年（1609）　己酉　焦竑七十歲

撰〈琴瑟合奏譜序〉。（《澹園續集》卷二）

作〈寧國府重修廟學記〉。(《澹園續集》四)

是年爲焦竑七十壽慶，鄒元標爲其作〈焦弱侯太史七十序〉。(《鄒子願學集》卷四)

五月三日，趙標卒，年四十五。焦竑〈中大夫太僕寺卿趙公貞甫墓志銘〉曰：「冏卿趙公貞甫與余同館，意未始不相慕好也，已公尊人司農公來爲南京兆，又以公之愛愛余，念公才器當爲國大臣，其所建豎，駸駸未艾也。及公已酉五月三日以疾逝，聞者無不相驚悼，有云亡之歎云。」(《澹園續集》卷十四)

萬曆三十八年（1610）　庚戌　焦竑七十一歲

印行《俗書刊誤》，自作〈俗書刊誤序〉。(俗書刊誤卷首)

作〈晏氏家譜序〉(《澹園續集》卷三)

三月，張鳴岡以兵部右侍郎兼右僉都御史總督兩廣，竑作〈贈少司馬見庵張公督撫二廣序〉。(《澹園續集》卷三)

四月十一日，王守素（字德履，號帶河）卒，年六十六。竑爲其作〈中大夫光祿寺卿帶河王公墓志銘〉曰：「余囊與王公德履同朝，日相過從無厭也。余歸田久，每憶當世長者，輒首屈指公，而今已矣！」(《澹園續集》卷十四)

五月，於憑虛閣看雨，待客不至，作〈書洛陽伽藍記後〉(《澹園續集》卷九)。

十二月十九日，王錫爵（號荊石）卒，年七十七，竑爲其作〈光祿大夫少保兼太子保吏部尚書建極大學士贈太保諡文肅荊石王先生行狀〉(《澹園續集》卷十六)，又作〈祭王荊翁殿學文〉(《澹園續集》卷十八)

萬曆三十九年（1611）　辛亥　焦竑七十二歲

作〈李龍眼觀世音菩薩三十二相贊〉(《澹園續集》卷八)

作〈賀郡伯慕庵張公考最詩序〉。(《澹園續集》卷二)

正月，門人徐光啓爲竑作〈澹園續集序〉。

夏，金勵命其屬朱汝鼇刻《澹園續集》于當塗，時勵爲徽寧等處兵備副使，於夏間刻成，金勵爲之序。

九月十一日，田有成（號懷野）卒，年六十七。竑爲其作〈驃騎將軍輕車上都尉神機七營參將署都指揮僉事懷野田公墓志銘〉。(《澹園續集》卷十三)

萬曆四十年（1612）　壬子　焦竑七十三歲

　　作〈明道書院重修記〉。曰：

　　　　頃萬曆壬子，熊公廷弼至，觀其湫隘，弗稱尊賢造士之意，謀于司
　　　　空丁公賓，納言吳公達可輩，捐資創爲之，不三時告成，且以學使
　　　　者孫公鼎至耿公定向九人者祔焉。（澹園續集四）。

　　作〈楊晉菴文集序〉（見《山居坊功課》卷首）

　　八月二十二日，黃吉士（號雲蛟）卒，年六十四，竑爲其作〈明故中憲大
　　夫順天府府丞雲蛟黃公墓志銘〉。（《澹園續集》卷十三）

萬曆四十一年（1613）　癸丑　焦竑七十四歲

　　作〈奉贈太宰鄭公考績北上序〉。（《澹園續集》卷三）

　　八月一日，汪道昆之弟汪道會卒，年七十，竑爲其作〈汪君仲嘉墓志銘〉（《澹
　　園續集》卷十三）

萬曆四十二年（1614）　甲寅　焦竑七十五歲

　　汪良（字良望）卒，年五十六。竑爲其作〈汪君民望傳〉（《澹園續集》卷十）。

　　七月十九日，申時行卒，年八十。萬曆四十四年竑爲其作〈學士贈太師諡
　　文定申公神道碑〉（《澹園續集》卷十一）

　　八月，劉湅（字君東）卒，年七十一，竑爲其作〈劉君東孝廉傳〉（《澹園續集》
　　卷十）。

萬曆四十五年（1617）　丁巳　焦竑七十八歲

　　作〈升菴外集序〉（《升菴外集》卷首）。

　　湯顯祖卒，年六十八。

　　陳第卒，年七十七。

萬曆四十六年（1618）　戊午　焦竑七十九歲

　　刊行《玉堂叢語》，自爲序。（《玉堂叢語》卷首）

萬曆四十七年（1619）　己未　焦竑八十歲

　　作〈古詩九種序〉（《古詩九種》卷首）。

萬曆四十八年（1620）　庚申　焦竑年八十一卒。

七月神宗崩，光宗即位，改元泰昌

九月朔，光宗崩

熹宗天啟元年（1621）　辛酉

焦竑以先朝講讀恩，復官，贈諭德，賜祭，蔭子。（見《明史》卷二百八十八本傳）。

南明福王弘光元年（1644）　甲申

進諡文端（見張廷玉《明史》卷二百八十八本傳。）

第二節　焦竑之著述考

　　焦竑博覽多聞，故著述亦頗宏富，「自經史至稗官、雜說、無不淹貫。」〔註5〕至今尚可考知者，凡四十九種，然焦竑之著作在清朝受禁毀者不少，〔註6〕以致頗有僅知書名，而今未見其書者。又焦竑身負重名，書商不免有假托其名以出書者，焦竑之門人許吳儒《澹園集》附錄中即曰：

> 先是有《焦氏類林》八卷、《老莊翼》十一卷、《陰符解》一卷、《焦氏筆乘》六卷、《續筆乘》八卷、《養正圖解》二卷、《經籍志》六卷、《京學志》八卷、《遜國忠節錄》四卷、業行于時。《東宮講義》六卷、《獻徵錄》一百二十卷、《詞林歷官表》三卷、《詞林嘉話》六卷、《明世說》八卷、《筆乘別集》六卷、尚藏於家、餘刊行文字書籍、托名者眾，識者自能辨之。

由是可知萬曆三十四年之先，已有托名焦竑之書，惜許氏未列出偽托之書目，以為今日辨偽之依據。本節臚列焦竑之著述，無論存佚，不計真偽，若其書題為焦竑撰者，或校正、或編輯、或批撰、或註釋，即全收不遺，然每書之下，必註明存佚，存者則記收藏之所，佚者即否，至於書之真偽，若有十足之憑證，則直言之，若第為存疑，則載明可疑之理由，不下決斷。

　　（一）《焦氏筆乘》　六卷　今存

〔註5〕張廷玉《明史》卷二百八十八焦竑本傳。
〔註6〕見清代《禁書知見錄》與《清代禁燬書目》。

台灣中央圖書館收藏明萬曆謝與棟刊本（八卷）、日本慶安二年刊本。

筆乘爲焦竑之讀書箚記，自序云：「曩讀書之暇，多所箚記，萬曆庚辰歲，友人取數卷刻之，餘藏巾笥中未出也。迨牽絲入仕，隨所見聞，輒寄筆札。尋以忤權見放，奔迸之餘，不皇檢括，散軼者十有五六，頃臥園廬，塵埃漫漶，不復省視久矣！筠州謝君吉甫見而惜之，手自排纘，并前編合刻之，以示同好。余觀稗說不啻千數百家，其間訂經子之譌，補史傳之闕，網羅時事，綴輯秩文，不謂無取，而膚淺杜撰，疑誤觀聽者，往往有之。余尚欲投一枝於鄧林間哉！顧國家之典制，師友之微言，間有存者。當不以余之鄙而廢也，在覽者擇之而已。」，《四庫提要》謂：「是書多考證舊聞，亦兼涉名理，然多勦襲說部，沒其所出。」並舉十例以證之。又林慶彰先生《明代考據學研究》亦列舉九條不注出處者，足見《四庫提要》所言不虛，然《四庫提要》謂：「竑在萬曆中以博洽稱，而剽竊成書，至於如是，亦足見明之無人矣。」，此言則有以偏概全之謬，焦竑引文有不注出處者，爲其疏忽，若依此而全然鄙棄之，實非持正之言。今觀原書，其含攝經史、諸子、小學、藝文、心性、醫方，範疇廣泛，無所不包，且多注其出處。《四庫提要》薄鄙如是，或如其所曰：「其講學解經，尤喜雜引異說，參合附會，如以孔子所云空空，及顏子之屢空，爲虛無寂滅之類，皆乖迕正經，有傷聖教。蓋竑生平喜與李贄遊，故耳濡目染，流弊至於如此也。」，焦竑之書爲清朝禁毀，此當爲主要原因。

（二）《筆乘續集》八卷　今存

台灣中央圖書館收藏萬曆三十四年謝與棟刊本，僅收四卷附於正集之後。台灣商務印書館鉛印本正集六卷續集八卷、日本尊經閣文庫、內閣文庫收藏之明萬曆三十四年刊本，皆爲正集六卷、續集八卷。

今所見之萬曆三十四年謝與棟刊本皆正續集合刊，可知《筆乘續集》亦於萬曆三十四年刊行，至於筆乘正集則萬曆三十四年之先已有刊印本，焦竑之序文中曾提及：「萬曆庚辰，友人取數卷刻之，餘藏巾笥中未出也。」由是推之，筆乘正集於萬曆八年即已刊行，至萬曆三十四年謝與棟復取之與續集合刊，是以今可斷定《筆乘續集》爲萬曆三十四年初次刊行。此續集之內容與正集大同小異，卷一列讀論語、讀中庸、和讀孟子三目，文中皆摭引釋老之語印證孔孟學說。卷二支談上、中、下，大抵以三教歸一道之說爲主，餘談佛門之理。卷三、四、五、六，收錄較雜，舉凡史實人物、詩文、小學、藥方、佛典、性論皆述及之。卷七及卷八則收錄金陵舊事。

（三）《澹園集》　四十九卷，附錄一卷　今存

> 台灣中央圖書館收藏明萬曆三十四年黃雲蛟刊本，台灣大學收藏明
> 萬曆年間欣賞齋刊本爲四十二卷。

萬曆三十四年，焦竑之友黃雲蛟輯焦竑詩文數卷刊印，遂請耿定力、吳夢暘、陳懿典與臧爾勸撰序，列於卷首，焦竑門人許吳儒撰焦竑其他著作書名、卷數等爲附錄一卷。是書除收錄焦竑之詩文外，並採錄〈崇正堂答問〉，〈古城答問〉、〈明德堂答問〉三種，皆其講學之記錄。耿定力於序中曰：「弱侯挺命世之才，而負窮理盡性至命之學，宜其旨遠，辭文直指橫發，楷書於手，無不瞭然，以至於達也歟！」陳懿典之序亦曰：「先生之學以知性爲要領，而不廢博綜。」二者之言，蓋爲焦竑之思想指要，於是集中可窺其大略也。

（四）《澹園續集》　二十七卷　今存

> 台灣大學收藏金陵叢書本。

萬曆三十九年金勵命其屬下朱汝鰲刊刻，並囑焦竑門人徐光啓作序文，金氏亦撰序列於卷首。徐光啓之序曰：「于是侍御今大京兆黃公梓其集行世，世既人人頌述之，越五載，復有茲集，則憲使金公命其屬朱君汝鰲刻之當塗，以嘉惠來學者也。」金氏之序文亦曰：「金陵焦先生，著有澹園集，往者侍御黃公請梓之，以公宇內，宇內業已奉爲拱璧，不佞勵近承乏江左，獲領先生性學之宗，以及文章之事則五六年，澹園所裒又已侈矣！因請併廣之，而以其意竊質於先生。」由是可知金勵刻焦氏澹園續集，乃爲傳播竑之詩文，以嘉惠後學也。是集收輯焦竑之文，包含書序、贈序、碑記、書信、啓、帳詞、贊頌、書後、題跋、傳、神道碑、墓表、墓志銘、行狀、哀辭、祭文、四言古詩、五言古詩、七言古詩、五言律詩、五言排律、七言律詩、五言絕句、六言絕句、七言絕句、詩餘等二十五類文體，分爲二十七卷，欲了解焦竑之學術思想及文學觀念，澹園集之外，是集蓋不可遺漏。

（五）《俗書刊誤》　十二卷　今存

> 臺灣故宮博物院收藏清文淵閣四庫全書，台灣商務印書館四庫全書
> 珍本（影印本）。

卷首列有焦竑自序，文後言萬曆庚戌長至日題，故知此書於萬曆三十八年刊行。焦竑撰是書，以早年教子讀書，爲匡正兒輩之誤，而記於書策，亦可備遺忘之用。其自序曰：「近世正韻爲國制書，唯章奏稍稍施用，學者師心

無匠，肆筆成譌，蓋十居六七者有之，蚤歲課子，嘗間爲點定兒曹。因筆於策，以識不忘云爾，楊君中甫刻本義成，輒取此帙竝梓之。」至於是書之內容，《四庫提要》言之甚詳，其曰：「其書第一卷至第四卷，類分四聲，刊正譌字，若丰之非𡮉，容不從合是也；第五卷略記字義，若赤之通尺，貄之同猶是也；第六卷略記駢字，若句婁之不當作岣嶁，辟歷之不當作霹靂是也。第七卷略記字始，若對之改口從士，本於漢文，疊之改晶從晶，本于新莽是也；第八卷音義同字異，若庖犧之爲炮犧，神農之爲神由是也；第九卷音同字義異，若錕鋙之與琨珸，滄浪之與蒼筤是也；第十卷字同音義異，若敦有九音，湛凡七讀是也；第十一卷俗用襍字，若山岐曰岔，山岐曰汊是也；第十二卷論字易譌，若禾之與禾，支之與攴是也。」

（六）《支談》　三卷　今存

　　台灣中央圖書館收藏明萬曆年間繡水沈氏尙白齋刊本。

是書已收錄於《筆乘續集》之第一第二卷中，分上、中、下，其中所述，非爲佛理，即三教歸一之旨。

（七）《東宮講義》　六卷　今未見

見錄於《千頃堂書目》，內容不詳。

（八）《關公祠志》　九卷　今未見

見錄於《千頃堂書目》，內容不詳。

（九）《焦氏藏書目》　二卷　今未見

見錄於《千頃堂書目》，是書今未見，無以考知竑藏書之數目及類別，今佚殊爲可惜。

（十）《焦太史葬錄》　一冊　今未見

見錄於《千頃堂書目》，內容不詳。

（十一）《能文必要》　四卷　今未見

見錄於《彙刻書目》，內容不詳。

（十二）《焦弱侯問答》　一卷　今未見

見錄於《四庫提要》子部雜家類存目，題爲明焦竑撰，潘曾竑編。內容不詳。

（十三）《金陵舊事》　十卷　單行本今未見

是書之單行本今未見，然萬曆三十四年謝與棟刊本《焦氏筆乘續集》中，第七第八兩卷即收錄《金陵舊事》，其內容是否與此十卷本相同則未可知。《筆乘續集》收錄之《金陵舊事》，蓋載關乎金陵之詩文、人事、名勝、書畫、與醫方，條列格式與筆乘相同。

（十四）《詞林嘉話》　六卷　今未見

見錄於《澹園集》附錄，焦竑門人許吳儒所列焦竑著作，列有此書。內容不詳。

（十五）《易筌》　六卷、附論一卷　今存　收於《續四庫全書》易類

見錄於《千頃堂書目》，《四庫提要》，《清代禁書知見錄》。《四庫提要》曰：「是書大旨，欲以二氏通於易，每雜引《列子》、黃庭《內景經》、《抱朴子》諸書以釋經。」焦竑之心性論雖以儒學為宗，然其主三教歸一之說，是書蓋亦發揮此旨也。

（十六）《禹貢解》　一卷　今未見

見錄於《千頃堂書目》及《清代禁書知見錄》。《清代禁書知見錄》載：「無刻書年月，約萬曆間刊。」是書蓋為註解尚書禹貢篇者。

（十七）《考工記解》　二卷　今未見

見錄於《千頃堂書目》及《明史藝文志》。蓋為疏解《周禮考工記》之書。

（十八）《小學圖註》　九卷　今未見

見錄於《販書偶記續編》，內容不詳。

（十九）《老子翼》　三卷，考異一卷　今存

　　　　台灣故宮博物院圖書館收藏明萬曆王元貞金陵校刊本（三卷、不
　　　　附考異）、《文淵閣四庫全書》本。

焦竑序文言及成書之緣起，曰：「時友人翟德孚好言老子，間舉以相訊。余以近瘤疏之，德孚未嘗不擊節也，屬余章為之解，因取家藏老子故，暨道藏所收徧讀之，得六十有四家，博哉言乎，其中畔道離經之論，雖往往有之，而合者不少矣！…古之聖人，可以明道，不必盡己出也。況余之于斯秋毫之端，萬分未處一者乎！於是輟不復作，但取前人所疏，手自排續為一編，而一二膚見附焉。」是書之體製內容，《四庫提要》言之甚詳，曰：「是編輯韓非以下解老

子者六十四家，而附以竑之筆乘，共成六十五家，各採其精語，裒爲一書。其首尾完具，自成章段者，仿李鼎祚《周易集解》之列，各標舉姓名，列本章之後；其音義訓詁，但取一字一句者，則仿裴駰《史記集解》之例，聯貫其文，綴本章末句之下。上下篇各爲一卷，附錄及考異，共爲一卷。不立道經德經之名，亦不妄署篇名，體例特爲近古，所採諸說，大抵取諸道藏，多非世所常行之本。竑之去取，亦特精審，大旨主於闡發玄言，務明清淨自然之理，如葛長庚之參以道家爐火禪學機鋒者，雖列其名，率屏不錄，於諸家註中，爲博贍而有理致。」又謂：「蓋竑於二氏之學本深於儒學，故其說儒理者多涉悠謬，說二氏之理者，轉具有別裁云。」，蓋指竑三教歸一之說也。

（二十）《莊子翼》　八卷，《莊子闕誤》一卷，附錄一卷　今存
　　　　　　台灣中央圖書館收藏明萬曆十六年原刊本，故宮博物院圖書館
　　　　　　收藏清文淵閣四庫全書本。

　　是書萬曆十六年編成，其體例與《老子翼》同，前列所載書目，自郭象註以下，計二十二家。旁引他說，互相發明者，自支遁以下凡十六家，又章句音義，自郭象以下凡十一家。檢核其所引用，惟郭象、呂惠卿、褚伯秀、羅勉學、陸西星五家之說爲多，其餘特閒出數條，略備家數而已。（見《四庫提要》）末附《莊子闕誤》一卷，乃全錄宋陳景元南華經解之文，又附刻一卷，列《史記》莊子列傳，阮籍、王安石〈莊子論〉，蘇軾〈莊子祠堂〉，潘佑〈贈別王雱雜說〉，李士表〈莊子九論〉。

（二十一）《陰符經解》　一卷　今存
　　　　　　台灣中央圖書館收藏明萬曆間繡水沈氏尚白齋刊本，寶顏堂秘
　　　　　　笈之一

　　《四庫提要》曰：「考戰國策，稱蘇秦得太公陰符之謀，其書漢志隋志皆不著錄，蓋已不傳。今世所行之本，出唐李筌，宋黃庭堅以爲即筌所託，註其書者，自筌而後，凡數十家，或以爲道家言，或以爲兵家言，或以爲神仙家言。竑此註雖引張永叔《眞土擒眞鉛》，《眞鉛制眞汞》說，似乎神仙家言，而核其旨，實以佛理解之，與劉處元註相近。」是書之體例與支談同，分爲上、中、下三篇，而其持論亦同支談上中篇，仍主三教歸一之旨。

（二十二）《玉堂叢語》　八卷　今存
　　　　　台灣中央圖書館收藏明萬曆曼山館刊本

是書仿世說新語之體，乃採摭明初以來翰林諸臣遺言往行，分條臚列、計五十四類，以行誼始，而終於讎隙。焦竑編是書以讎隙終，其原因，《四庫提要》曰：「案朱國楨湧幢小品曰：『焦弱侯率直任眞，元子初出閣、定講官六人，癸未則郭明龍、丙戌唐抑所、袁玉蟠、蕭元圃、全元洲，己丑則弱侯。太倉相公謂宜擇其近而易曉者，勒一書進覽。無何、太倉去國，諸公不復措意，惟弱侯纂《養生圖說》一冊。郭聞之不平，曰：當眾爲之，奈何獨出一手。後其子攜歸，刻於南中，送之寓所，正在案璫，陳矩適至，取去數部呈御觀，諸老大恚，謂由他途進，圖大拜。』又載其序呂坤閨範，鄭國泰乞取添入后妃一門。眾大譁，謂鄭氏著書，弱侯交結作序云云。竑作是書，以讎隙終編，蓋感此二事，借以寓意。」又焦竑編是書之志，爲備異日撰史書之參考。焦竑〈書玉堂叢語〉曰：「余自束髮，好覽觀國朝名公卿事蹟。迨濫竽詞，尤欲綜覈其行事，以待異日之參考。此爲史職，非第如歐陽公所云誇於田夫野老而已者。顧衙門前輩，體勢遼闊，雖隔一資，即不肯降顏以相梯接。苦無從咨問，每就簡冊中求之，凡人品之淑慝，注厝之得失，朝廷之論建，隱居之講求，輒以片紙志之，儲之巾箱。」顧起元《玉堂叢語》序曰：「《玉堂叢語》若干卷，太史澹園先生，以其腹笥所貯詞林往哲之行實，昉臨川《世說》而記之者也。其官則自閣部元僚，而下逮于待詔應奉之冗從。其人則自鼎甲館選，而旁及于徵辟薦舉之遺賢。其事則自德行、政事、文學、言語，而微摭于諧謔，排觝之卮言。其書則自金鐀石室，典冊高文，而博採于稗官野史之餘論。義例精而權量審，聞見博而取舍嚴。詞林一代得夫之林，煌煌乎可考鏡矣！」，《玉堂叢語》之取材宏富，權量精嚴，可補《殿閣詞林記》、《館閣類錄》、《翰林記》諸書之不足。

（二十三）《焦氏類林》　八卷　今存
台灣中央圖書館收藏明萬曆秣稜王元貞刊本

是書乃焦竑之讀書筆記，自序云：「庚辰，讀書，有感葛稚川語，遇會心處，輒以片紙記之。甫二歲，計偕北上，因罷去。殘藁委於篋笥，塵埃漫滅，不復省視久矣！李君士龍見之，謂其可以資文字之引用，備遺忘之萬一也。乃手自整理，取世說篇目括之，其不盡者括以他目，譬之溝中之斷，文以青黃，則士龍之爲也。」，故其體例與《玉堂叢語》相仿，同取世說之分類，不足，復括以他目，凡分五十九類。書首列有姚汝循、李士龍、王元貞三人序文。姚汝循予之曰：「絕無叛道不經之談，所稱引固多秘玩，然皆參伍有徵…布爲可尊可信也。」并將之與劉義慶《世說新語》並列，以爲絕不遜世說也。

（二十四）《明世說》　八卷　今未見

見錄於《千頃堂書目》，雖不得見其書，而由此書名蓋可推知，是書之體製內容，當仿《世說新語》，而與《玉堂叢語》、《焦氏類林》相近。

（二十五）《養正圖解》　不分卷

台灣中央圖書館收藏明萬曆二十二年吳懷讓刊本　台灣故宮博物院收藏清鈔本二卷

萬曆二十二年，皇太子出閣，焦竑為講官，自序云：「某以職叨從勸講之後，竊愧空疎，靡所自效，獨念四子五經，理之淵海、窮年講習，未易殫明。」祝世祿序之曰：「修撰焦竑侍講之暇，伏念高皇帝嘗命諸臣繪農業艱難圖，古孝行圖進太子諸王，而累朝東宮官僚講讀之外，亦多自為以進者，蓋講讀止於析理，圖說兼以徵事理之用。」遂採往昔賢臣仁君之言事可備勸誡者，繪為圖，著為解，計寢門視膳，膳斥鮑魚，振貸貧民、丹書受戒，聽朝四輔，桐葉封虞，丞用賢人，戒君節飲，借事納忠等五十事，由丁雲鵬繪圖，吳繼序書解，吳懷讓出貲刊刻。書首列有祝世祿，焦竑之序文。

（二十六）《國朝獻徵錄》　一百二十卷　今存

台灣中央圖書館收藏明萬曆四十四年錢塘徐象橒刊本。

《四庫提要》曰：「是書採明一代名人事蹟，其體例以宗室，戚畹、勳爵、內閣、六卿以下各官、分類標目；其無官者，則以孝子義人、儒林藝苑等目分載之。自洪武迄嘉靖，蒐採極博。然文頗泛濫，不皆可據，或註，或不註，亦不免疎略。」，此書為焦竑修國史時所輯，罷官之後仍陸續增訂，其中收有神道碑、墓志銘，題下註明作者或出處，若其人之事蹟無碑銘墓可據者，則抄錄野史雜史。是以《獻徵錄》保存史料極豐富。

（二十七）《京學志》　八卷　今存

台灣中央圖書館收藏明萬曆三十一年刊本

卷首有焦竑作於萬曆癸卯年春之序，次為凡例、卷目、及宋健康府學圖，元集慶路學圖、國朝應天府學圖。全書分八卷，卷一建置，言學府建置金陵之始末。卷二令格，收錄所有學校之詔令，內含取士之內容、人數，任官年限，及薪俸。卷三典禮，含括祭禮，射禮，行香禮。卷四官師，敍京學教授之生平。卷五選舉，分進士、舉人、歲貢，自唐開元始至明萬曆年間依年代先後按表排列。卷六既稟，述師儒俸稟與學田之設置。卷七秩文，錄各儒學、

祠堂、府學記等六十篇,然僅存篇目而無文。卷八上名宦列傳,敍金陵舊都撫按督學大京兆宦蹟彰顯者。卷八下鄉賢列傳,載鄉賢四十三人之傳。此書之編纂乃謝黃鍾、張學書、沈朝陽、黃應登、胡允貞、陳弘安等諸生,焦竑則僅潤刪而已。竑之序曰:「由洪武而來,甫三百歲,儒風士行,日以浸盛,毗陵張君履正,典教是邦,謂金陵建首善為天下始。王言國典為世法程,而闕焉不載,後則何觀?乃授簡諸生俾為之志,發凡起例,業有端矣,而以遷秩去。何君琪枝、張君禮化至,相與繼圖之,而志始成,屬余稍稍刪潤之以傳。」,而取名京學志之由,凡例有曰:「學徙府治東南,自景祐初始也。宋為健康府學,元改集慶路學,國初高皇帝名京學。今實錄載許存仁、張統為京學教授,可考也,志以京學,名從此。」

(二十八)《升菴外集》 一百卷 今存

　　　　台灣中央圖書館收藏明顧起校刊本。

　　卷首列錄顧起元之序,次為汪煇之楊升菴先生外集跋語,再次為焦竑之自序。卷一前題「成都楊慎著,瑯琊焦竑編,吳郡顧起元校。」由於楊慎之書多偏部短記,易於散軼,故極力搜羅,凡得慎之詩文十五種,勒為正集;其所選輯批評自為一書者八十三種,勒為雜集;其考證論議者三十八種,勒為外集,萬曆丁巳(四十五年)春刊行。焦竑輯是書之法,即顧起元序文所云:「外集尤多,異者疏之,同者合之,復者刪之,互者仍之,疑者闕之,誤者正之,就一部之中,別之以類;就一類之內,辨之以目,巨細畢收,綱維不紊。」焦氏就三十八種書之內容,分類排比,得二十七類,一百卷,大抵楊慎所著有關考證之說,搜羅畢具,有此一書,其他可廢矣!

(二十九)《兩蘇經解》 六十四卷 今存

　　　　台灣中央圖書館收藏明萬曆二十五年畢氏刊本

　　宋蘇軾、蘇轍著,焦竑編。卷首有焦竑〈刻《兩蘇經解》序〉,是文之後題有「萬曆丁酉冬日,瑯琊焦竑書」,故此書當刊行於萬曆二十五年。焦竑亦於序中敍其獲《兩蘇經解》之始末,曰:「余髫年讀書,伯兄授之程課,即以經學為務,於古註疏有聞必購讀,聞宋兩蘇氏分釋經子,甚慕之,未獲也。弱冠得子由《老子解》,奇之。尋於荊溪唐中丞得子瞻易、書二解。已丑,檢中秘書始獲《論孟拾遺》。壬辰,奉使大梁于中尉西亭所獲子由詩與春秋解。丁酉,侍御畢公衰而刻之,而子瞻《論語解》卒軼不傳,刻成而予為之序。」

全書含東坡先生易傳九卷、書傳二十卷、潁濱先生詩集傳十九卷，春秋集傳十二卷，論語拾遺一卷、孟子解一卷，道德經解二卷，共六十四卷。書後有宏甫題老子道德經後一文。

（三十）《張于湖集》　八卷、附錄一卷　今存

台灣中央圖書館收藏明崇禎十七年張弘開刊二張集本

宋張孝祥著，焦竑，朱之蕃合輯。卷首有昭武謝堯仁序、安撫使孝伯序、吳門錢禧序、歷陽楊侯胤跋。此書原為《于湖居士文集》四十卷，另附錄一卷，原收張孝祥詩文三十類，焦竑，朱之藩選錄其中各類之詩文，合為《張于湖集》八卷，附錄留有孝祥傳，官誥數道，友人贈詩及張氏之祭文。計收有五言古詩、五言排律、五語律詩、五言絕句、六言絕句（卷一）、七言古詩、長短句、七言律、七言絕句（卷二）、樂府、歌詞、賦、辭、頌、樂章（卷三）、內制、外制、箚子、奏議、辭狀（卷四）、表、啓、婚書（卷五）、書牘（卷六）、記、序、說、墓誌、祭文（卷七）、原、致語、祝文、疏文、青詞、釋語、偈贊、銘、贊、題跋（卷八）等三十九類之詩文。

（三十一）《熙朝名臣實錄》　二十七卷　今未見

見錄於《四庫提要》史部傳記類。《四庫提要》謂是書前有焦竑自序，竑自謂明代諸帝有實錄，而諸臣之事不詳，因撰此書。是書固名為名臣實錄，然自王侯將相，及士、庶人、方外、緇黃、僮僕、妾伎，無不備載。《四庫提要》又曰：「蓋宋人實錄之體，凡書諸臣之卒，必附列本傳，以紀其始末，而明代實錄，則廢此例，故竑補修之，其書郭子興諸子之死，及書靖難諸臣之事，皆略無忌諱，又如紀明初有通曉四書等科，皆明史選舉志，及明會典所未載。韓文刻劉瑾事，有太監徐智等數人為之內應，亦史傳所未詳，頗足以資考證。」焦竑於書中言前人所未敢言，可謂不忌時諱，握筆直書，惟此書亦有疏失，《四庫提要》曰：「然各傳中多引《寓圃雜記》，及《瑣綴錄》諸書，皆稗官小說，未可徵信，又或自序事，或僅列舊文，標其書目，於體裁亦乖，所附李贄評語，尤多妄誕，不足據為定論也。」此書雖不免有其缺失，然其長亦多，今是書已佚，殊為可惜。

（三十二）《遜國忠臣錄》　四卷　今未見

見錄於《千頃堂書目》，又〈明史藝文志〉史部傳記類著錄：「《遜國忠節錄》八卷。」，《清代禁書知見錄》載：「《遜國忠節錄》四卷，萬曆間刊」，書

目卷數有所不同。案焦竑《澹園集》卷十四收有〈忠節錄序〉一文，曰：「嘗考遜國諸臣，仗節死義，與藏名遠舉者，至不可勝數。蓋自天地剖判以來，所未嘗有也。然世無敢頌言其忠者。迨今上登極，詔下大京兆，始仰承德意，建祠冶城，錄其尤著者百十有八人，春秋祀之，旌群哲之義烈，化兆人之肝膽，脩二百年之軼事，挽千萬世之頹風。嗚呼！盛矣！但事舉一時，不無闕略，少宰李公廷機，少宗伯葉公向高增入若干人。頃大鴻臚張公朝瑞，以舊京兆攝府事，顧瞻祠宇，慨然興歎，謂當時事蹟散見他事者尚多有之，乃芟繁剔偽，合為一編，復增入者若干人，於是幽潛悉著。祀典大備，而知公之摩世厲鈍者，意深遠矣！以余夙奉周旋，感激名義，乃出以畀之，而屬屬為序。」故知此書非竑所編，僅為序而已矣，又此序即為忠節錄序，則此書之名，當為遜臣忠節錄，至於其卷數，依其門人許吳儒所列焦竑著作書目，乃為遜國忠節錄四卷，依此，是書的書名及卷數，應為遜國忠節錄四卷。

（三十三）《國史經籍志》　六卷　今存

台灣故宮博物院圖書館收藏明萬曆三十年原刊本

萬曆二十二年，大學士陳于陛建議修國史，推薦焦竑主其事，焦竑先撰此志，國史雖未成而罷，而是書仍以國史為名。其門生陳汝元校刻序曰：「歲丁酉，元以國子生赴試京師，偶於薦紳家獲覯先生所輯《國史經籍志》。」，可知《國史經籍志》於萬曆二十五年已成書，且流傳於縉紳之間，陳氏又曰：「壬寅春，謁先生於金陵，先生提命之，頃出是編相示，則比京師又加詳矣。……先生曰：『此非不佞私書，迺國史中一志爾，向以職事攸關，勉強成此，顧其間所載，僅予經目者，恐貽挂漏譏，且國史告竣無期，而是編先布，毋乃不可乎？』…於是先生首肯，命元校讎而付之梓，凡五閱月而工訖，因附書數語，以紀歲月云。」，萬曆三十年，焦竑將增訂本交予陳汝元，經陳氏校讎，於五個月之後付梓刊行。焦志大抵取法鄭樵《通志藝文略》，惟併鄭樵之十二大類一百五十五小類為四部四十八類。全目六卷，首列制書類，凡御制，中宮著作，敕修書，記注時政諸書，皆附於是類。餘則分經、史、子、集四部，末附糾繆一卷，則為駁正《漢書》、《隋書》、《唐書》、《宋史》諸藝文志，及《四庫書目》、宋《崇文總目》、鄭樵《藝文略》、《晁公武讀書志》、馬端臨《經籍考》各家分門之誤。焦竑此志所列書目，固非全其經目之書，然《四庫提要》評之曰：「顧其書叢鈔舊目，無所考核，不論存亡，率爾濫載。古來書目，惟是書最不足憑。世以竑負博物之名，莫之敢詰，往往貽誤後生，

其譎詞炫世，又甚於楊慎之丹鉛錄矣。」，則未免醜詆過甚。

（三十四）《詞林歷官表》　三卷　今未見

見錄於《千頃堂書目》、《明史藝文志》。內容不詳。

（三十五）《皇明人物考》　六卷　今存

台灣中央圖書館收藏明萬曆年間三衢舒承溪重刊本及明萬曆年間閩建書林葉貴刊本。

卷首有晉江九我李廷機序，次為王世貞著之〈皇明考譜〉，有〈帝系表〉及〈大明臣論斷〉。卷一書「鍥兩狀元編次皇明考。漪園焦竑編次，晉陽翁正春校正。」並附有休寧張復之〈黃河考〉、〈南倭考〉與〈北虜考〉。是書計六卷，分敍明朝帝王、公主駙馬、開國元勳、歷代皇帝功臣、封榮、文臣拔尤考。

（三十六）《歷科廷試狀元策》　七卷　今存

台灣中央圖書館收藏明末刊本。

是書卷六題「已丑狀元漪園焦竑編集，已丑榜眼曙谷吳道南校正。」，卷前有吳道南之序文，次列國朝廷試儀制。本書收錄歷年狀元對策之文，其體制乃先列歷科狀元名錄，後列歷科狀元之文。

（三十七）《東坡志林》　五卷　今存

台灣中央圖書館收藏明刊朱墨套印本

宋蘇軾撰，焦竑評，卷前有沈緒蕃弱贍文湯序，次有志林總論，曰：「先生志林皆紀元祐紹聖二十年中，所口歷事，其間或名臣勳業，或治朝政教，或地理方域，或夢幻幽口，或神仙技術，片語單詞，諧謔縱浪，無不畢具。」，考之卷目，凡分記遊、懷古、修養、疾病、夢寐、學問、命分、送別、祭祀、丘略、時事、官職、致仕、隱逸、佛教、道釋、異事、技術、女妾、盜賊、夷狄、古迹、玉石、井河、卜居、亭堂、人物、論古，四民二十九類，其內容蓋與總論所敍近似，而焦竑之評文則列於書眉，皆簡短不長。

（三十八）《唐荊川先生纂輯武編》　前六卷後六卷　今存

台灣中央研究院史語所圖書館收藏明萬曆年間錢塘徐氏曼山館刊本。

明唐順之纂輯，焦竑校正。本書所載皆軍事武器之事，可謂集通古今軍旅之事，鉅細靡遺。前六卷收遣兵用士、武器、陣勢、戰法、車馬、軍需之事，

後六卷則爲戰術，如招降、使間、息亂、攻心、佯北、奇兵、伏兵、截歸等。
前六卷有以圖輔助說明者，如陣法、兵器。後六卷則配合史實以證敍其理論。

（三十九）《謝康樂集》　四卷　今存
　　　　　台灣中央研究院史語所圖書館收藏明萬曆間刊本

劉宋謝靈運撰、焦竑校。是書經李獻吉、黃勉之，沈啓原之增補而成，焦
竑題謝康樂集後曰：「謝康樂集世久不傳，其見文選者，詩四十首止耳。後李獻
吉增樂府若干首，黃勉之增若干首。吾師沈道初先生冥搜博訪，復得賦若干首，
詩若干首，雜文若干首，譬之袞虹龍之片甲，集旃檀之寸枝，總爲奇香異采，
不可弃也，輯成，合刻之，而以校事委余。」書首列集歷來評謝靈運詩優劣之
文，計有鍾嶸詩品、皎然詩評、後山詩話、滄浪吟卷、詩家直詩、吟牕雜錄、
瑯琊漫抄諸家，次錄沈約所撰之謝靈運傳。全書共分四卷，卷一卷二爲賦，卷
三爲樂府、雜詩，卷四爲表、論、書、志、贊、誄、銘、頌。

（四十）《七言律細》　一卷　今存
　　　　　台灣故宮博物院圖書館收藏明萬曆曼山館刊本

卷前題：「瑯琊焦竑批選、江寧徐維禮校、錢塘徐象橒梓。」爲古詩九種
之一，焦竑之題古詩九種一文列於書首，文末題：「萬曆已未初夏，澹園老人
焦竑書」，可見此書當爲萬曆四十七年初夏刊行。此書收錄初唐至晚唐五十六
名詩家之作，凡七言律詩一百六十一首，此爲唐代七言律選集。

（四十一）《五言律細》　一卷　今存
　　　　　台灣故宮博物院圖書館收藏明萬曆年間曼山館刊本

卷前題「明楊愼選輯、瑯琊焦竑批點。」，與七言律細、五言律祖前後、唐
絕增奇、唐絕搜奇、六言絕句、六言八句、五言絕句合爲古詩九種。楊愼嘗選
錄古詩七種，焦竑之〈題古詩九種〉曰：「余園廬多暇，彙抄成冊，以備嘯歌，
徐孟雅氏輒請板行，因爲刪其繁復，更加點定，而以五七言律細并用修暨余（焦
竑）絕句附焉。」遂成古詩九種。此五言律細計收錄自太宗至中唐張籍、元稹
等四十六位詩家之作，凡五言律詩二百餘首。詩末偶有雙行小字以解說詩意者。

（四十二）《蘇長公二妙集》　二十二卷　今存
　　　　　　台灣大學圖書館收藏明天啓辛酉元年錢塘徐象橒曼山館刊本。

宋蘇軾撰。書首有方應祥序，次孔冷然序。是書收錄東坡先生尺牘二十
卷，詩餘二卷。其書名題爲二妙，當指蘇東坡之尺牘與詞也。

（四十三）《春秋左傳鈔》　十四卷　今未見

見錄於《千頃堂書目》。

（四十四）《兩漢萃寶評林》　三卷　今存

台灣中央圖書館收藏明萬曆年間坊刊本

卷首題：「殿試第一焦竑選輯，會試第一李廷機註釋，鄉試第一李光縉集註。」此書分上、中、下三卷，上中二卷全列班固漢書，下卷則收范曄後漢書。於每篇之後，亦時有名家之評語，並有批點，名家之姓名列於凡例之後，計有蘇轍、蘇軾、方孝儒等二十八人。

（四十五）〔明治新刻〕《續文章軌範評林》　七卷

台灣大學總圖書館收藏日本明治年間鹿兒島縣刊本

鄒守益選，焦竑評校，李廷機註。卷首有東龜年序，此版本即東龜年補訂，宗城增註，台大收藏是書僅存二卷。東龜年序引《文章軌範》王陽明序曰：「宋謝仿得，取古文之有資於場屋者，自漢迄宋，凡若干篇。標揭其篇章句之法，名之曰《文章軌範》。蓋古文之奧，不止於是，是獨爲舉業者設身。」《文章軌範》爲舉業者而設，續篇亦然。《文章軌範》收自漢迄宋之文，而續篇則錄宋以後至明之文，內附批選評註極詳賅，有益於舉業者。

（四十六）《新鍥二太史彙選註釋九子全書評正林正集》　十四卷，續十卷，卷首一卷　今存

美國普林斯敦大學葛恩德東方圖書館收藏明萬曆間建邑書林詹氏刊本

是書題：「翰林漪園焦竑註釋，翰林青陽翁正春評林。」正集選老子、莊子、呂氏春秋、淮南子、荀子、韓非子、列子、揚子、文中子九種，續集爲屈子、鶡冠子、抱朴子、劉子、郁離子、管子、關尹子、譚子、韓詩外傳，亦九種。老子及莊子均題「翰林漪園焦竑註釋，翰林青陽翁正春評林。」正集有焦竑序，續集有李廷機序，均未署年月。又書內或題「書林霖宇詹聖譯刊行」，或題「建邑書林詹霖宇靜觀室繡梓」，此書當與二十九子品彙釋評同爲坊賈所僞託者。

（四十七）《新鍥翰林三狀元彙選二十九子品彙釋評》　二十卷　今存

台灣中央圖書館收藏明萬曆四十四年寶善堂刊本

本書題「翰林三狀元，從吾焦竑校正，青陽翁正春參閱，蘭嵎朱之蕃圈

點。」卷首有萬曆四十四年李廷機序，次有目錄及凡例，凡例分為：一、次序凡例。二、評品凡例。三、圈點凡例。四、訂譌凡例。五、選文凡例。六、錄文凡例。七、史記凡例。八、後輯凡例。書中計收錄老子、莊子、列子、荀子、淮南子、呂子春秋、韓非子、屈子、揚子、墨子、尉繚子、陸子、鶡冠子、管子、晏子、文中子、韓子、關尹子、譚子、抱扑子、劉子、尹文子、適一子、子華子、孔叢子、桓子、鬼谷子、孫武子、郁離子二十九種。諸家之評語則列於書眉，引用陳家古、李息齋、王純甫、焦竑、李道純、林希逸、王世貞、茅坤、陸西星等之釋文。《四庫全書總目》收錄此書於雜家類，提要以為坊商偽託之作，曰：「其書雜錄諸子，毫無倫次，評語亦皆託名，謬陋不可言狀，蓋坊賈射利之本。」又此書既為彙釋評、理當題明彙釋之人，卻僅列焦竑校正，翁正春參閱，朱之蕃圈點，蓋書商為利於販售，而虛掛三人之名而已。觀其版式與《九子全書評林正續集》相似，特評語，圈點不盡同，故此編大抵依九子全書評林為之，而復增益修訂也。

（四十八）《新鐫焦太史彙選中原文獻》　二十四卷　今存

美國普林斯敦大學葛思德東方圖書館收藏明萬曆間刊本，台灣中央圖書館收藏明萬曆間新安汪宗淳等刊本（僅存子集七卷）。

卷首題「脩撰漪園焦竑選，少傅潁陽許國校，編修石簣陶望齡評，脩撰蘭嵎朱之蕃註。」，有焦竑及陶望齡序，均不署年月。是書分經集六卷，史集六卷，子集七卷，文集四卷，末附通考一卷。《四庫提要》評之曰：「其自序云：『一切典故，無當於制科者，槩置弗錄。』識見已陋，至首列六經，妄為刪改，以為全書難窮，祗揭大要，其謬更甚。」是故《四庫提要》疑為書賈所偽託，曰：「竑雖眈於禪學，敢為異論，然在明人中，尚屬賅博，何至類舛如是，殆書賈所偽託也。」

（四十九）《新刊焦太史彙選百家評林明文珠璣》　十卷　今存

台灣師範大學圖書館收藏明萬曆二十二年刊本

卷首題：「翰林九我李廷機，石簣陶望齡閱，兌陽劉應秋，思白董其昌校。」首有焦竑序曰：「昭代文章不啻汗牛充棟，而茲獨取有益于舉業者，采而摭之，俾今日之呻吟，當異日之用。」此言其成書之原因及選材標準，然是書既為萬曆二十二年刊行，何以同年多焦竑《澹園集》刊行，門人許吳儒列焦竑已刊及未列之書目中，未見此書，是此書當亦為坊賈所偽託者。

第二章　焦竑之思想

　　焦竑師事耿定向，亦嘗問學於羅近溪，耿、羅二人爲泰州學派之嫡傳，即陽明之遺緒，竑受此二者之薰染，其思想指歸自難脫離心性之論，然竑與同世空談心性而不務實學者有異，不獨力倡躬行實踐、亦主張博綜經世，明末遺老倡尙博務實之學，竑實爲之先驅也。至於其三教之論，雖非其思想主幹，而論述之處頗多，與其心性論亦有牽連，故而敍竑之思想，三教觀實不可擯除也。

第一節　心性論

　　夫陸王之心學乃道德之學，其目標在於成德至聖，因而勸人不失本心，其學蓋承自孟子也。孟子認爲人之道德發自本心，本心者非他，即與生俱來之道德自覺，爲人之本能，不分智愚賢不肖，不分帝王將相與販夫走卒，人人皆有之，象山謂：「心只是一個心；某之心，吾友之心，上而千百載聖賢之心，下而千百載復有一聖賢，其心亦只如此。」〔註1〕即是此意，若人能存此本心，人人皆可爲堯舜，故爲學必以復本心爲頭腦，其他皆枝葉也。陸王之說如是，焦竑之心性論亦然。

第一目　本性與性之涵義

　　吾國人性之論，蓋肇始於孟子與告子之辯。〔註2〕孟子主性善，告子則

〔註1〕《象山全集》卷三十五。
〔註2〕見《孟子》〈告子篇〉上。孟子與告子之先是否已有人性論，今未見其他古籍

謂性無善無惡，二者執論有別，所言則各有據依，孰是孰非，洵難匡決之，然是非固斷之不易，性論之端，則緣是開啓。爾後學者論性之篇，紛然而起，或主性惡，〔註3〕或主性善惡混，〔註4〕或主性三品，〔註5〕或主性善情惡，〔註6〕或主性兩元，〔註7〕或主性一元，〔註8〕各言其是，歷千百年而爭訟不已。〔註9〕

竑爲心性學家，論性之篇於其文集中時時可見，然而其人性論實難以一家之言繩束之，自有獨特之處，所言之「本性」，近乎孟子與唐李翱之「性」義，指人之異於禽獸者，爲人之所以爲人之特質，特竑之「本性」不以善名之，爲其間之別也。而竑所言之「性」則與董仲舒相類，然竑以善當內取，董仲舒則以外教求之，斯爲二者之辨也。今分述如下：

一、本性：竑所言之本性，簡言之，乃指人性之初，〈明道書院重修記〉云：

> 余惟學者求復天理而已，而載籍罕言之，獨樂記曰：「人生而靜，天之性也，感於物而動，性之欲也。物至而人化物，不能反躬，天理滅矣！」余謂反躬者，反乎人生而靜之初也。〔註10〕

所謂「天之性」，即爲本性，爲人性之原始面目，故竑亦以「本心」、〔註11〕「眞心」、〔註12〕「性眞」、〔註13〕「眞性」、〔註14〕「元始眞性」、〔註15〕「赤子之心」、〔註16〕「性之本體」、〔註17〕「寂然之性體」，〔註18〕或「清淨本然之

記載，故此暫以二人爲人性論之始。

〔註3〕荀子倡之，其言人之性爲惡，善者乃人力所爲而生。

〔註4〕漢揚雄主之，即謂人性中善惡兼備，兩者相雜，而非獨善或獨惡。

〔註5〕漢之王充、荀悅，唐之韓愈皆執此說，諸人皆將人性分作三品，以爲人性並非等齊，而有上、中、下之別。

〔註6〕唐之李翱，論性至善，一切不善，皆原于情。

〔註7〕性兩元論創始於張載，二程補述之，而朱熹爲集大成者，以爲性分天地之性與氣質之性，天地之性至善，氣質之性則有善有不善。

〔註8〕反對性兩元論之學說，即性一元論，主張性僅有一，不分天地與氣質，明末之劉宗周，黃宗羲皆持此說。

〔註9〕以上各家之性論，乃參閱張岱年之中國哲學大綱—中國哲學問題史。

〔註10〕《澹園續集》卷四。

〔註11〕《澹園續集》卷一〈小學衍義序〉，又見《澹園集》卷四十八〈古城答問〉。

〔註12〕《澹園集》卷四十八〈古城答問〉。

〔註13〕《澹園集》卷四〈原學〉。

〔註14〕《筆乘》卷一〈盡心〉。

〔註15〕《澹園續集》卷五〈答黃少參〉。

〔註16〕《澹園續集》卷一〈小學衍義序〉，又見《澹園續集》卷一〈刻小學序〉。

〔註17〕《澹園集》卷四十八〈古城答問〉。

性」〔註19〕名之，又以爲本性乃未爲外物所眩惑，而情欲未發之性，《筆乘續集》曰：

吾之本性，未始有物，不知性者，弊弊焉取而爲之，愈爲愈弊。〔註20〕

〈答蔡崑石〉亦曰：

人性湛然，本無一物，不知者至多其意識以蔀之，蔀去而性自若，非能有增也。〔註21〕

所謂「未始有物」、「本無一物」，自是情欲未萌之意也，亦即中庸未發之中，竑曰：

佛雖晚出，其旨與堯舜周孔無以異者，其大都儒書具之矣！所言「本來無物」者，即中庸「未發之中」之意也，「未發」云者，非撥去喜怒哀樂而後爲未發也，當喜怒無喜怒，當哀樂無哀樂之謂也。〔註22〕

本性同乎中庸未發之中，亦同乎王陽明所言之良知，〈古城答問〉曰：

道心無聲臭，無覩聞，故曰微；道心無偏倚，無執着，故曰中，所謂人生而靜，天之性也，物動於外，而好惡無節，斯離乎中。〔註23〕

案「道心」指「天之性」而言，亦即「本性」，意謂本性無聲臭，無覩聞，亦無偏倚，無執着，而王陽明論及良知之時嘗云：

道心者，良知之謂也。〔註24〕

不覩不聞是良知本體。〔註25〕

未發之中即良知也。〔註26〕

竑於〈陵陽會館記〉亦云：

二程子得周子「主靜無欲」之說，學乃大明，遂以體認未發爲相傳之指訣，自延平而上，未有易也。南宋以來浸失其眞，眩於事物，而莫知統紀，迷其本心，而無所歸宿，亦已久矣！陽明先生始以良

〔註18〕《澹園續集》卷四〈陵陽會館記〉。
〔註19〕《筆乘續集》卷一〈讀孟子〉。
〔註20〕《筆乘續集》卷一〈讀論語〉。
〔註21〕《澹園集》卷十三。
〔註22〕《澹園集》卷十二〈又答耿師〉。
〔註23〕《澹園集》卷四十八。
〔註24〕《王陽明全書》〈語錄〉卷二〈傳習錄〉中。
〔註25〕《王陽明全書》〈語錄〉卷三〈傳習錄〉下。
〔註26〕《王陽明全書》〈語錄〉卷二〈傳習錄〉中。

知爲教，夫不慮而知，非寂然之性體乎？但情易淆而性難明，於其
寂然者，未知其爲性，而於此安身立命也。〔註27〕

案「夫不慮而知，非寂然之性體乎？」雖爲質問之語，其本意則以爲良知即
是寂然之性體，夫寂然云者，靜也，情欲未動之謂也，故寂然之性體是爲本
性，此本性即良知也。

王陽明之良知乃取諸孟子，孟子有言：「人之所不學而能者，其良能也，
所不慮而知者，其良知也。孩提之童無不知愛其親者，及其長也，無不知敬
其兄也，親親，仁也；敬長，義也，無他，達之天下也。」，〔註28〕所謂「良
能」，或「良知」，悉指人之道德明覺，爲人人所固有之本能，王陽明以「良
知」概括之，故而王陽明之良知，實即人之道德本能，而竑所言之本性亦然，
〈崇正堂答問〉有言：

問知天。先生曰：「中庸一書，無非發明此天字，首言「天命之謂性」，
中言「不可不知天」，「誠者天之道」，「天之所以爲天」，末言「上天
之載」，「無聲無臭」，舍此他求，便屬用智自私，皆成邪道。」問何
謂天？先生曰：「今人謂仁義禮智皆人力做出，然人人相親，便是仁
相親中一有賢者，自能尊之，便是義；親賢中不知不覺，自有等殺，
禮即於此生焉。此等皆莫之爲而爲，莫之致而致，非天而何？此處
不知，一切應酬舉動，皆是安排牽強，豈修身修道者事哉？」〔註29〕

案此中所言之「自能」、「不知不覺自有」、「莫之爲而爲，莫之致而致，非天
而何？」，皆言人之倫理道德，出乎人之本能，非藉人力安排者，而此道德本
能，非他，乃本性也。是本性「能視聽、能言動、能孝弟、能事君、能交友，
可以爲堯、舜，可以通天地，可以育萬物，人人具足渾成，所謂與天地萬物
爲一體者」，〔註30〕猶陽明謂良知「發之事父，便是孝，發之事君，便是忠，
發之交友治民，便是信與仁」，〔註31〕是故竑不謂本性爲善，曰：

論性之本體，善亦無有，何有於惡？〔註32〕

夫心曰正，猶得而倪之，正與不正，性皆無有；則善不善，二皆離

〔註27〕《澹園續集》卷四。
〔註28〕《孟子》〈盡心篇〉上。
〔註29〕《澹園集》卷四十七。
〔註30〕《澹園集》卷十二〈答友人問〉。
〔註31〕《王陽明全書》〈語錄〉卷一〈傳習錄〉上。
〔註32〕《澹園集》卷四十八〈古城答問〉。

也。〔註33〕

蓋因本性爲善之體，善爲本性之發用，謂本性爲善，豈不以體爲用哉！故孟子以本性爲善，竑以爲「孟子爲戰國時，人心馳務功利，喪其良心，特提掇一善字以示之」，〔註34〕若執此以本性爲善則謬矣！

二、性：竑之言「性」字，其意蓋含情欲之未發與已發，情欲未發之時，爲前言之本性，即人性之初，而已發者，則情欲也，因而不以「性」爲善，以爲善固出於性中，然性非惟善而已，若謂性爲善，豈不舉一廢百，〈古城答問〉曰：

> 善自性也，而性非善也，謂善爲性即可，謂性爲善則舉一廢百矣！
> 〔註35〕

〈國朝從祀四先生要語序〉亦云：

> 性無不備，知其性而率之以動，斯仁義出焉，仁義者性有之，而非
> 其所有也。〔註36〕

善出自性，然不可謂性爲善，漢之董仲舒亦有如是說法，《春秋繁露》〈實性篇〉曰：

> 善如米，性如禾，禾雖出米，禾未可謂米也，性雖出善，而性未可
> 謂善也。
> 玉出於璞，而璞不可謂玉，善出於性，而性不可謂善。〔註37〕

性非僅生善，董仲舒以爲情亦爲性所生，故曰：「天地之所生，謂之性情，性情相與爲一瞑，情亦性也，謂性已善，奈其情何？」，〔註38〕焦竑之說亦然，其於原學一文中即云：

〔註33〕《澹園集》卷六，大學言心不言性，中庸言性不言心，孟子兼言心性解。文中之性，是爲本性，非兼含情欲之「性」，竑用字不嚴謹，時有名異實同，或名同實異之病，即以「本性」爲例，則有「本心」、「眞心」、「明德」、「赤子之心」、「性之本體」、「眞性」、「性眞」、「元始眞性」、「良心」等不同之名，斯爲名異實同也，而「本性」之名亦有單言「性」者，除本文外，他如陵陽會館記云：「夫不慮而知，非寂然之性體乎？但情易涸而『性』難明，於其寂然者，未知其爲『性』。」此中之二「性」字，即指本性，而略言爲性，斯則爲名同實異者也。

〔註34〕《澹園集》卷四十八〈古城答問〉。

〔註35〕註同上。

〔註36〕《澹園集》卷十四。

〔註37〕《春秋繁露》卷十。

〔註38〕《春秋繁露》卷十〈深察名號〉第三十五。

　　蓋嘗論之情猶子焉，性則其母也，情猶枝焉，性則其根也，世之棻
　　棻者，豈顧欲離母逐子，撥其根而培其枝哉？〔註39〕

謂「情猶子，性則其母」，即指情乃生於性，〈古城答問〉又云：

　　性，水也；情，波也，波興則水溷，情熾則性亂，波生於水，而溷
　　水者波也，情生於性，而害性者情也。〔註40〕

縂是而知。竑與董仲舒之論性，有其相近之處，惟竑以爲善當取成於心，非
可外索，而董仲舒則謂：「中民之性，如繭如卵，卵待覆二十日而後能爲雛，
繭待繰以縮湯而後能爲絲，性待漸於教訓而後能爲善，善，教訓之所然也。」，
〔註41〕以爲人之爲善，須由外教，始能得之，二者之別，蓋在於求善之方，
竑類乎孟子，董仲舒則近於荀子也。

第二目　修養方法

　　宋明之新儒學，乃道德之學也，程朱之理學，或陸王之心學，皆不外乎
道德之學。凡道德之學，必立其理想人格，而新儒學之理想人格，蓋以聖賢
爲典範，故成德致聖爲其終極鵠的也。然由凡至聖，猶如渡江過河，豈徒口
說可至，非修養工夫不可也。宋明之學者，雖有道問學與尊德性之爭，然皆
論及成德致聖之方。焦竑之思想宗陸王心學，亦爲道德之學，故於成德致聖
之方，論述極詳。

甲、反求諸己，取成於心

　　夫孔門之學，以修身蓄德爲樞要，孟荀二子，即準此爲說，荀子謂人性
爲惡，人之道德胥由外學所致，非可由人之心性得之；孟子則謂人性爲善，
故倡求德當返求諸心，斯二者之異也。

　　孟荀之異，在乎求德之方，孟重內修、荀主外學，宋之朱陸之爭，亦類
乎是，朱熹貴道問學，陸象山倡尊德性，朱熹未必承荀子之說，而陸象山則
以孟子之學爲宗，曰：

　　人之所以異於禽獸者幾希，庶民去之，君子存之，去之者，去此心
　　也，故曰：此之謂失其本心。存之者，存此心也，故曰：大人者，
　　不失其赤子之心，四端者，即此心也，天之所以予我者，即此心也。

────────────

〔註39〕《澹園集》卷四。
〔註40〕《澹園集》卷四十八。
〔註41〕《春秋繁露》卷十，實性第三十六。

人皆有是心，心皆有是理，心即理也，故曰：理義之悅我心，猶芻

豢之悅我口，所貴乎學者，爲其欲窮此理，盡此心也。〔註42〕

孟子之內修理論，其要有二：

一、倫理道德根源於心性，爲人所固有。〔註43〕

二、求德之方特重返諸本心，不須外索。〔註44〕

象山之學，實未超乎此二者也，其後王陽明之致良知說，亦本乎孟子，曰：

夫聖人之學，心學也，學以求盡其心而已。〔註45〕

夫良知即是道，良知之在人心，不但聖賢，雖常人亦無不如此。

〔註46〕

孟氏堯舜之道，孝弟而已者，是就人之良知發現得最眞切篤厚不

容蔽昧處提省人，使人於事君、處友、仁民、愛物，與凡動靜語

默間，皆只是致他那一念事親從兄眞誠惻怛的良知，即自然無不

是道。〔註47〕

王陽明雖將孟子加以擴充演述，而其學說體系大抵遵循孟子之內修理論。焦

竑爲其後學，其修養心性之論，自亦以孟子爲準則，〈小學衍義序〉云：

夫天下之道備於人心，聖人能循而達之，非能奪其所有，而予以其

所無也。〔註48〕

〈崇正答問〉又云：

人之四端無不具足，只緣不學都錯用，却如德業不若人，不以爲恥，

〔註42〕《象山先生合集》卷十一〈與李宰書〉。

〔註43〕《孟子》〈告子篇〉上曰：「仁義禮智，非由外鑠我也，我固有之也。」盡心
篇上亦曰：「君子所性，仁義禮智根於心，其生色也睟然，見於面，盎於背，
施於四體，四體不言而喻。」，〈告子篇〉上又曰：「雖存乎人者，豈無仁義之
心哉？其所以放其良心者，亦猶斧斤之於木也，旦旦而伐之，可以爲美乎？」，
皆言人之倫理道德乃人心所固有，非待外索也。

〔註44〕《孟子》〈告子篇〉上曰：「仁，人心也；義，人路也，舍其路而弗由，放其
心而不知求，哀哉！人有雞犬放，則知求之，有放心而不知求，學問之道無
他，求其放心而已矣！」孟子以爲人之倫理道德根於心，人必反求諸心，而
後可以爲善，是故其曰：「故苟得其養，無物不長，苟失其養，無物不消。孔
子曰：『操則存，舍則亡，出入無時，莫知其鄉』，惟心之謂與？」（〈告子篇〉
上），孟子之倫理思想蓋立乎此也。

〔註45〕《王陽明全書》〈文錄〉卷四〈重修山陰縣學記〉。

〔註46〕《王陽明全書》〈語錄〉卷二〈傳習錄〉中。

〔註47〕《王陽明全書》〈語錄〉卷二〈傳習錄〉中。

〔註48〕《澹園續集》卷一。

所恥乃在名位受享間，豈不顛倒。〔註49〕

〈古城答問〉又云：

> 吾心之理，種種具足，用之不盡，只爲從前忿懥好樂等，無端遮蔽，
> 群疑滿腹，眾累塞胸，應事臨民，自成顛倒，若是此類，悉空胸中，
> 孝弟慈滾滾流出，不待安排，皆成妙用。〔註50〕

案竑言：「天下之道，備於人心」，「吾心之理，種種具足」，蓋孟子「仁義理智根於心」，〔註51〕「仁義禮智，非由外鑠我也，我固有之也」〔註52〕之翻板，皆以爲倫理道德乃人心所固有，一切之道德皆出乎人之心，是以竑又曰：「我即是道」，〔註53〕「道自足也」。〔註54〕

倫理道德既爲人心所固有，修身業德之方，當「取成於心，非外索也」，〔註55〕曰：

> 先師言何事於仁，言仁不可以事求，在此心而已，此心之無動搖爲立，此心之無窒礙爲達，乃吾人本心如此，所謂學者不失其本心而已。〔註56〕

又曰：

> 劉元城先生嘗言，學者先理會根本，其他末節都閒，不知根本，後凡所見聞，都奔向那裡去也。若知根本，行住坐臥，無處不是，譬如造酒須下得腳是，始得腳是，方論美惡，下腳不是，終不成酒。
> 〔註57〕

學者當以理會本心爲根本，其他皆爲末節，因人若能反諸本心，則信手拈來，無非仁義，苟如此必將取之不盡，用之不竭也，竑於〈古城答問〉中曰：

> 倘能回光返照，瞥地一下，乃知舉足下足無非道場，更向何處尋覓。
> 〔註58〕

〔註49〕《澹園集》卷四十七。
〔註50〕《澹園集》卷四十八。
〔註51〕《孟子》〈盡心篇〉上。
〔註52〕《孟子》〈告子篇〉上。
〔註53〕《澹園續集》卷五〈答蘇撫州〉。
〔註54〕《澹園集》卷十四〈宗儒語略序〉。
〔註55〕《澹園集》卷二十〈羅揚二先生祠堂記〉。
〔註56〕《澹園集》卷四十八〈古城答問〉。
〔註57〕《澹園集》卷四十七，崇正答問。
〔註58〕《澹園集》卷四十八〈古城答問〉。

〈答蘇撫州〉又曰：

> 蓋我即是道，昧者失之，愈求愈遠，古德言：「拋家失業，向外邊走。」
> 殆無人不然，老丈一眼覷破，自此舉足下足，無非道場，洒掃應對，
> 皆爲精義，取之左右逢其源，何樂如之？〔註59〕

人之本心既爲道場，故而學者須以「見心爲宗」，外襲者皆非正途，〈宗儒語略序〉曰：

> 夫學必有宗，如射之的也。儀的在前，持弓以赴之，蔑不中者，不
> 知其的，將貿貿然用力彌勤，而命中彌遠，的者何？吾之初心是已。
> 嬰兒之始生也，不以目求乳，不以耳向明，不以手任行，不以足探
> 物，此豈待外索哉？譬之魚鳥，至渺小耳，而飛雲泳川，不借人力。
> 何者？道自足也。不知其足，猥以見聞智故益之，矜飾於仁義，而
> 雕繢其毛彩，苟以譁眾市聲可也，何道之與有？傳曰：「言有宗、事
> 有君。」故知心爲君，則矜綴脩爲妄，自外襲者皆臣妾也，知見心
> 爲宗，則擬議識知多而迷始者，皆支裔也。〔註60〕

外襲云者，摹仿古人行跡，依傍前人格式之謂也，乃孟子所言之「行仁義」者，竑於〈國朝從祀四先生要語序〉曰：

> 性之不知而取古人之陳跡，依倣形似以炫世俗之耳目，顧其於性則
> 已離矣。孟子曰：「舜明於庶物，察於人倫，由仁義行，非行仁義也。」
> 蓋由仁義行者，性之所之，無入不得，而行仁義者，以己合彼，即
> 劬勞刻畫，巧爲之摹，而畔援欣羨之私，已不勝其憧憧矣！〔註61〕

外襲古人之言行，不反觀內省者，實如「飯籮邊餓死漢，大河邊渴死漢」，〔註62〕竑以爲非大丈夫所當爲，「學道者，當盡掃古人之芻狗，闢取一片乾坤，方成眞受用，何至甘心死人腳下。」，〔註63〕否則「將自己一副家珍置之不理，却依依然傍人口吻，隨人跟腳。」，〔註64〕豈非「身在高堂廣廈中，却向他人尋覓住處，又如忘己之頭，狂走呼號，別求首領」〔註65〕者也。

〔註59〕《澹園續集》卷五〈答蘇撫州〉。
〔註60〕《澹園集》卷十四〈宗儒語略序〉。
〔註61〕《澹園集》卷十四〈國朝從祀四先生要語序〉。
〔註62〕《澹園集》卷四十八〈古城答問〉。
〔註63〕《筆乘續集》卷二〈支談〉上。
〔註64〕《澹園集》卷四十八〈古城答問〉。
〔註65〕《澹園集》卷二十二〈書袁太史卷〉。

　　竑以「取成於心」爲修身蓄德之方，故而論及孩童之教育時，亦以蒙養孩童本心爲鵠的，〈刻小學序〉曰：

> 蓋赤子之心人所有也，而意見牿之，利欲賊之，非所自有也。葆其所自有，而祛其所本無，則小學者固蒙養之正鵠，而聖功之先鞭也。

〔註66〕

其所據之理由爲：

> 吾未見失其赤子之心，而可爲大人者也，赤子之心失，則不知在我者之足貴，與在彼者之不足玩，怪奇瑰麗，皆可以眩惑其心，而何德之能修？〔註67〕

赤子之心（本心）爲倫理道德之根源，若赤子之心失，修身蓄德自將難爲，故而古聖人教孩童「詩書六藝之文，朝焉夕焉，詠歌服習，凡以保其本心而已」，〔註68〕然而後世之爲教者，不解其理，徒以依仿形似而教之，不知於「一物不立之先着眼」，〔註69〕終必徒勞無功耳。竑曰：

> 後世爲教者出於勉強襲取之勞，而常患乎難行，爲文者在乎支離驕駁之習，而常患乎難知。彼豈不自以爲奇，而於天性則已離矣！〔註70〕

不惟教育孩童必致力於「本心」之蒙養，即治世治天下，竑亦以爲應先體悟「本心」，〈答友人問〉曰：

> 人之不能治世者，只爲此心未得其理，故私意糾棼，觸途成窒。苟得於心矣！雖無意求治天下，而本立道生，理所必然。所謂「正其本萬事理也。」。藉令悟於心而不可治天下，則治天下果何以，而良知爲無用之物矣！〔註71〕

謂能悟「本心」即可治天下，蓋直承於大學，〔註72〕將自身之道德修養，視爲治理天下之根本，而人之本心爲倫理道德之源頭，故而治理天下不先反求

〔註66〕 《澹園續集》卷一〈刻小學序〉。
〔註67〕 《澹園續集》卷一〈小學衍義序〉。
〔註68〕 同註67。
〔註69〕 《澹園集》卷四十八〈古城答問〉。即指本性也。
〔註70〕 《澹園續集》卷一〈小學衍義序〉。
〔註71〕 《澹園集》卷十二〈答友人問〉。
〔註72〕 朱熹《章句大學經》云：「物格而后知至，知至而后意誠，意誠而后心正，心正而后身修，身修而后家齊，家齊而后國治，國治而后天下平。」又曰：「自天子以至於庶人，壹是皆以修身爲本，其本亂而末治者否矣；其所厚者薄，而其所薄者厚，未之有也。」

諸心，欲於何處用力？

乙、滌情歸性、利鈍有別

夫道備於本性也，然本性不免爲情欲所昏蔽，以致隱晦不明，猶雲煙之蔽月，重翳之蓋眼也，〈古城答問〉曰：

> 所謂「人生而靜，天之性」也。物動於外，而好惡無節，斯離乎中，而傍繫於境。斯時也，物侵吾舍，而我反爲役，動無非物矣！動無非我則一，動無非物則動，故喜則毗陽，怒則毗陰，樂則陽溢，哀則陰損，至於喜怒哀樂皆主於物，而不由乎我，豈不危哉？〔註73〕

又〈大學言心不言性，中庸言性不言心，孟子兼言心性解〉一文亦曰：

> 蓋人生而靜，天之性也。感於物而動，心始生焉。憂患、忿懥、愛物、哀矜，皆心也。心既動，性斯隱矣！心不作，性斯見矣！〔註74〕

〈古史序〉又云：

> 記曰：「人生而靜，天之性也，感於物而動，性之欲也。」格物致知，知然後好惡形焉。好惡無節於內，知誘於外，而大亂乃作。〔註75〕

本性至靜至澄，但外物交相攻伐，激之，淆之，情欲遂生焉，而性眞始受桎梏，斯竑謂之爲：「人化物也。」，〔註76〕本性乃人之道德本能，若爲情欲所蒙蔽，人之倫理道德必將泯滅不存，豈不危殆哉？是故竑力主學當以復性爲鵠的，〈原學〉曰：

> 夫學何爲者也？所以復其性也。〔註77〕

〈國朝理學名公祠記〉又曰：

> 學求復性而已矣！顏子之學，復性之學也。顧仰鑽瞻忽，功力莫屆，雖賢智者有望洋之嘆焉。〔註78〕

世之學者不知學爲復性，日疲於清虛、義理、名節、詞章之學，猶如「寶康瓠爲周鼎，視珠貝如瓦礫」，凡此竑皆以爲非也。〈原學〉曰：

> 蓋嘗論之，情猶子焉，性則其母也，情猶枝焉，性則其根也。世之芬芬者，豈顧欲離母逐子，撥其根而培其枝哉！冥冥之中無獨見，

〔註73〕《澹園集》卷四十八〈古城答問〉。
〔註74〕《澹園集》卷六〈大學言心不言性、中庸言性不言心、孟子兼言心性解〉。
〔註75〕《澹園續集》卷一〈古史序〉。
〔註76〕同註74。
〔註77〕《澹園集》卷四。
〔註78〕《澹園續集》卷四。

生生之外無朝徹，於是寶康瓠爲周鼎，視珠貝爲瓦礫，其流有四，離性則一，故有清虛之學焉，有義理之學焉，有名節之學，詞章之學焉。其蔽也日疲於學，而不知所學爲何事，此豈學之罪哉？知學而不知其所以學故耳。〔註79〕

學者以學爲常務之急，然學而不知所以學，不知由復性用力，「是不知穿井所以通泉，習射所以中的也」，〈原學〉又曰：

世言學之當急，而問其所以爲學，則茫然無入，亦不求所以入，是不知穿井所以通泉，習射所以中的也。無泉則無所穿，無的則無所射，而世皆忘其泉的之本，然徒矜穿射之末功，此以塵飯塗羹戲，而無意於求飽者也，則無爲貴學也！〔註80〕

穿井爲通泉，習射爲中的，學則爲復性，而復性者何？蓋指「復其性於初」，〔註81〕亦指返於未發之中，然如何復性？竑以爲當思爲，然而易言性無思無爲，以思爲而求夫無思無爲，豈非適越而北其轅邪？其意以爲：

性無思爲，而非思爲不能致之。蓋思爲者，有也；而所思所爲者，無也，故求之思爲之表，以入乎無思無爲之域而後至焉。〔註82〕

據是可知，竑之復性功夫，蓋在乎思慮參求，學者欲復於性之初，藉思慮即可達致，〈崇正堂答問〉曰：

程子言「思之思之，又重思之，思之不通，鬼神將通之。循其言可以入道。」其實吾人契悟無不由此入。洪範曰：「思曰睿，睿作聖。」古人皆以思爲作聖之路，其來久矣！象山先生言：「皋陶謨、洪範乃傳道之書。」信哉！〔註83〕

然思慮參求固爲復性之路，却非人人皆必如是，因性固無聖凡，根則有利鈍，根利者第須休歇一切知解，一切種種情欲，便可歸返本家鄉，竑曰：

學道者別無奇特，只是休歇貪求，尋明眼直下指出，便歸本家鄉，更有何事？〔註84〕

又曰：

〔註79〕同註77。
〔註80〕同註77。
〔註81〕《澹園集》卷四〈原學〉。
〔註82〕同註81。
〔註83〕《澹園集》卷四十七。
〔註84〕同註83。

今欲深入知地，別無奇特，惟取從前一切知解，盡情休歇，直下便歸家鄉，更有何體可透，何事不了？〔註85〕

本家鄉者，本性也，「人生而靜之初也」，〔註86〕故歸本家鄉者，「復其性於初」，〔註87〕反乎本性也。根利者只是休歇貪癡，即可返於本性，根鈍者則非刻苦堅勵，不爐不枕，危坐而積思不息，難以致之，焦竑曰：

古之求道，有刻苦堅勵，不爐不枕者；有危坐一室，精思不息者，有靜默澄心，驗其氣象者，以彼形廢心死，神覯氣聽，一旦懸解，如靜中震霆，冥外朗日，豈滯痼於語言，茫昧於影響者，所能及哉？〔註88〕

又曰：

學道別無奇特，只是休歇貪癡，直下便歸家鄉，更有什麼事？來諭欲覓「元始眞性」，了不可得，已是一句道盡，乃復有「煉之又煉」等語，意是爲弟鈍根而發，非吾丈胸懷本趣也。〔註89〕

竑謙言己爲鈍根者，而復性非有煉之又煉之功夫不可，此固爲謙詞，然亦可知其復性功夫，以性根之利鈍而有分別，一爲頓悟，一爲漸修，猶如王陽明答其弟子錢德洪與王畿「四句教」之問，陽明曰：

二君之見，正好相資爲用，不可各執一邊，我這裏接人，原有此二種，利根之人，直從本源上悟入人心，本體原是明瑩無滯的，原是個未發之中。利根之人一悟本體，即是功夫，人已內外一時俱透也。其次不免有習心在，本體受蔽，故具教在意念上實落，爲善去惡，功夫熟後，渣滓去得盡時，本體亦明盡了。汝中之見，是我這裏接利根人的，德洪之見，是我這裏爲其次立法的，二君相取爲用，則中人上下皆可引入於道，若各執一邊，眼前便有失人，便於道體各有未盡。〔註90〕

王陽明之「利根之人，直從本源上悟人心」即焦竑之「直下便歸本家鄉」，而王陽明之「其次不免有習心在，本體受蔽，故具教在意念上實落，爲善去惡，

〔註85〕《澹園續集》卷五〈答王兵部仔肩〉。
〔註86〕同註74。
〔註87〕同註81。
〔註88〕《澹園續集》卷四〈陵陽會館記〉。
〔註89〕《澹園續集》卷五〈答黃少參〉。
〔註90〕《王陽明全書》〈語錄〉卷三〈傳習錄〉下。

功夫熟後，渣滓去得盡時，本體亦明盡了。」即焦竑之「思之思之，又重思之，思之不通，鬼神將通之。」，文字雖有別，其間之意則相近，綜是而言，焦竑之深受陽明學說之影響，可以此爲徵也。

丙、務博尚實、致力實修

陽明之學以體悟良知爲宗，注重內省功夫，而輕忽外學，就修身蓄德而言，此可謂方便法門，簡明直截，是其長也；然易流乎任心而廢學，或任空而廢行，或置天下事而不問之弊，此其短也。東林學者高攀龍即云：

> 姚江天挺豪傑，妙悟良知，破泥文之弊，其功甚偉，豈可不謂孔子
> 之學？然而非孔子之教也，今其弊略見矣！始也掃聞見以明心耳，
> 究而任心而廢學，於是乎詩書禮樂輕，而士鮮實悟；始也掃善惡以
> 空念耳，究且任空而廢行，於是乎名節忠義輕，而士鮮實修。〔註91〕

高景逸不僅道盡陽明學說之優劣，亦指陳當時陽明後學之病，陽明立致良知之學，本欲人直反本心，以修其德，然其後學，只以反諸本心爲學，束書不觀，而專以明心知性爲事，終日談空課虛，不務實學，弊端由是而生，東林學者顧憲成亦云：

> 陽明先生開發有餘，收束不足，當士人桎梏於訓詁詞章間，驟而聞
> 良知之說，一時心目俱醒，怳若撥雲霧而見白日，豈不大快？然而
> 此竅一鑿，混沌幾亡，往往憑虛見而弄精魄，任自然而藐兢業，陵
> 夷至今，議論益玄，習尚益下，高之放誕而不經，卑之頑鈍而無恥，
> 仁人君子又相顧斐回，喟然太息，以爲倡始者殆亦不能無遺慮焉？
> 而追惜之，此其所以遜元公也。〔註92〕

案此謂陽明之後學，憑虛見而弄精魂，任自然而藐兢業，甚而放誕而不經，此蓋陽明始料所未及者也，高攀龍又云：

> 夫學者誰不學孔子，自陽明先生提挈良知以來，掃蕩廓清之功夫大
> 矣！然後之襲其學者，既非先生百年一出之人豪，又非先生萬死一
> 生之學力，往往掠其便以濟其失，人人自謂得孔子眞面目，而不知
> 愈失其眞精神。〔註93〕

顧、高二人蓋爲明世宗至明神宗時期之人，顧憲成與焦竑同時，高景逸稍晚，

〔註91〕《明儒學案》卷五十八〈東林學案〉一。
〔註92〕《小心齋箚記》卷三。
〔註93〕《高子遺書》卷九〈虞山書院商語序〉。

二者於當時陽明之後學，皆有微詞，故可知焦竑之時，陽明之後學已爲時人
所不滿，受學者極嚴厲之評，焦竑雖爲陽明之後學，然竑已能自覺陽明後學
之病，〈神交館集序〉云：

> 而止獨鳳山叔姪以自得爲心法，講求於曹偶者往往多獨會之語，雖
> 其琢磨於容止言動者未嘗不至，而反觀默省，以驗未發之中者拳拳
> 焉，則其所造詣可知矣。繇斯以談學，在實致其力而已。不用其力
> 則良知爲畫餅，而第成玩弄之資，實致其力，則體認皆津梁，而卒
> 爲致道之具，於二先生曷與焉。近日學者敢爲高論，而或疏於彝倫，
> 喜爲空談，而不求諸實踐。〔註94〕

當世之學者，獨爲高論，喜爲空談，而不求諸實踐，焦竑甚不以爲然，以爲
學道者不應空言良知，當實致其力以體認之，猶如學書者必執筆臨池，伸紙
行墨，然後爲學書，學匠者必操斧運斤，中鈎應繩，然後爲學匠，不然，只
是口說不濟事，良知若畫餅，全然無用也。曰：

> 先儒言纔學便有着力處，旣學便有得力處，不是說了便休。如學書
> 者必執筆臨池、伸紙行墨，然後爲學書；學匠者必操斧運斤，中鈎
> 應繩，然後爲學匠。如何學道？只是口說？口說不濟事，要須實踐。
> 〔註95〕

焦竑不獨重實修，亦主張博學，且以博覽多聞見稱，明史謂其：「博極群書，
自經史至稗官雜說，無不淹貫，善爲古文，典正訓雅，卓然名家。」，〔註96〕
斯非虛言也，由其著述之豐碩，種類之繁多，即可爲徵，舉其所編之《玉堂
叢語》以言之，所輯錄之數百條筆記史料，單以註明出處者計數，徵引之書
籍，凡五十餘種，又如筆乘正續集，舉凡經史、詩文、典故、制度、佛道、
文字、聲韻、及方俗、醫藥，無不登錄議論，其采覽之廣泛，誠令人驚嘆！
焦竑之重視博學，由是可見，《筆乘》即嘗云：

> 君子尊德性而道問學，道，由也，言君子尊德行，而由問學，問學
> 所以尊德性也。非問學之外，別有尊德性之功，致盡極道，溫知敦
> 崇者，問學之目也。〔註97〕

〔註94〕《澹園續集》卷二〈神交館集序神〉。
〔註95〕《澹園集》卷四十七〈崇正堂答問〉。
〔註96〕《明史》卷二百八十八〈焦竑本傳〉。
〔註97〕《筆乘》卷四〈尊德性而道問學條〉。

凡重內省功夫之心學者，大抵較輕蔑外學，陸象山之「六經皆我註腳」，〔註98〕
陳白沙之糟粕說，〔註99〕即爲是類，王陽明亦然，其曰：「記誦之廣，適長其傲
也；知識之多，適以行其惡也；聞見之博，適以肆其辨也；辭章之富，適以飾
其僞也。」，〔註100〕如是說法，無非將經驗知識當作修身蓄德之障礙，焦竑則
不然，見心知性固爲其思想之主脈，然並不棄置外學，嘗自謂：「某所謂盡性至
命，非舍下學而妄意上達也。」，〔註101〕非但不捨外學，並以爲修身蓄德須由
問學着手，而問學之外，別無他途也。又曰：

> 禮者，心之體，本至約也。約不可驟得，故博文以求之，學而有會
> 於文，則博不爲多，一不爲少，文即禮，禮即文，我即道，道即我，
> 奚畔之有？故網之得魚，常在一目，而非眾目不能成網，人之會道，
> 常於至約，而非博學不能成約。〔註102〕

〈古城答問〉又曰：

> 多聞擇其善者而從之，多見而識之，是孔子所自言，豈非聖學，孔
> 子之博學於文，正以爲約禮之地，蓋禮至約，非博無以通之，故曰：
> 「博學而詳說之，將以反說約也。」〔註103〕

綜其所言，其涵意有二：

一、博學多聞爲孔子所自言，非聖學而爲何？

二、禮（本性）〔註104〕原本至約，非瞬間可驟得，須博學以求之，如網
之得魚，雖在一目，然而非眾目不可成網也，會道常於至約，而非博學不能
至矣！

焦竑如是重視博學，時人之束書不觀，遊談無根之病，竑自然有所不滿，
《筆乘續集》即曰：「今子弟飽食安坐，典籍滿前，乃束書不觀，遊談無根，
能不自愧？」，〔註105〕責難之意可謂溢於言表也。然而竑之重博學，鵠的在乎
蓄德知性而已，非爲博學而博學也，是以若單以博學多識而自誇，竑以爲此

〔註98〕 《象山先生全集》卷三十五〈語錄〉。
〔註99〕 《白沙子全集》卷六〈答張內翰廷祥書括而成詩呈胡希仁提學〉。
〔註100〕 《王陽明全書》〈語錄〉卷二〈傳習錄〉中〈答顧東橋書〉。
〔註101〕 《澹園集》卷十二〈答耿師〉。
〔註102〕 《筆乘續集》卷一〈讀論語〉條。
〔註103〕 《澹園集》卷四十八〈古城答問〉。
〔註104〕 焦竑〈答友人問〉云：「仁者，一名孝弟，一名良知，一名禮，禮也者體也，
　　　　 天則也。」禮爲良知，非本性爲何也。
〔註105〕 《筆乘續集》卷四〈韓忠獻條〉。

與俗儒之記誦詞章之學又何異矣！〈王順渠先生集序〉曰：

> 夫學知性而已，性之弗知，即博聞強識，瑰行尊伐，衒耀千古，而
> 不能當達者之一盼。〔註106〕

〈筆乘〉亦云：

> 苟博文而不以約禮，問學而不以尊德性，則亦何用乎博文問學哉？
> 朱子嘗譏俗儒記誦詞章之學矣！若博文不以約禮，問學不以尊德
> 性，則與彼之俗學何異？〔註107〕

《筆乘續集》又云：

> 易言復以自知，又言復則不妄。復者，迴光自照也。蓋反本還源，
> 方為自知；反本還源，方為无妄，若非鞭心入裏，而空事多聞，定
> 復何益？故云：阿難多聞總持，積歲不登聖果，息緣反照，暫時即
> 證無生。〔註108〕

焦竑將博學多聞與德性融合為一，不偏於彼，亦不偏於此，無形間調合朱學
與陸學之爭，其是否有意調合朱陸之爭，固難以臆斷，然而晚明學風之變，
由竑斯舉可知其一二也。

　　焦竑論學以復性為宗主，然而修身避世則非其衷也，〈古城答問〉曰：

> 內典所言心性之理，孔孟豈復有加，然其教自是異方之俗，決不可
> 施於中國，蘇子有言「天下固無二道，而所以治人則異」，君臣父子
> 之間，不可一日無禮法，知禮法而不知道，世之俗儒不足貴也。居
> 山林，木食澗飲，而心存至道，雖為人天師可也，而以之治世則亂，
> 儒者但當以皇極經世，超數越形而反一無跡，何至甘為無用之學哉？
> 〔註109〕

儒者不第須心存至道，亦當以營生治世為己任，不然，所學皆無用矣！何況
功利仁義非為二途，功利若能善理之，猶為仁義也，〈書鹽鐵後〉云：

> 自世猥以仁義功利為二塗，不知即功利而條理之，乃義也。易云：「理
> 財正辭，禁民為非曰義」，而豈以棄財為義？桑弘羊當武帝兵興，為
> 三法以濟之，中如酒榷，誠末事矣！乃諸當輸官者，令各輸土所饒，

〔註106〕《澹園續集》卷一〈王順渠先生集序〉。
〔註107〕同註8。
〔註108〕《筆乘續集》卷二〈支談〉中。
〔註109〕《澹園集》卷四十八〈古城答問〉。

平其直、於他所貸之，輸者既便，官有餘利，亦善法也。至筦山澤
之利，置鹽鐵之官，眞不益賦而用饒，奈何病之？劉彤有云：「古費
多而民不傷，今用少而下轉困。非他，古取山澤，今取貧民，取山
澤則公利厚而人歸於農，取貧民則公利薄而民去其業。」此亦足以
發明漢法之當遵用矣！古先王山海有官，虞衡有職，輕重有術，禁
發有時，一厚農，一足國，桑大夫蓋師其餘意而行之，未可以人廢
也。藉第令畫餅療飢，可濟於實用，則賢良文學之談爲甚美，庸詎
而必區區於此哉！〔註110〕

故而學者不知經世，汲汲於詞章之間，不可謂爲眞學也，〈荊川先生右編序〉曰：

余惟學者患不能讀書，能讀書矣，乃疲精力於雕蟲篆刻之間，而所
當留意者，或束閣而不觀，亦不善讀書之過矣！夫學不知經世，非
學也。〔註111〕

綜竑之論，陽明後學之任心廢行，空言性眞而不學，甚而置天下事於不問，
焦竑倡實修，博學與經世實用之論，正可補其不足也。

第二節　三教論

三教之論非始於明代，南北朝即已有之，論爭亦頗激烈，惟至隋唐則趨漸
減少，及宋元之際論者又日增，若宋張商英之〈護法論〉，金李純甫之〈鳴道集
說〉，元陶宗儀之〈三教一源圖〉，劉謐之〈三教平心論〉，均爲三教論之作。而
此時論三教者，尤以道教之徒爲多，其闡揚教義，時以三教立論，如金朝統治
下之全眞教，祖師王喆及弟子丘處機、王處一、譚處端、劉處玄、馬鈺、王丹
桂與尹志平諸人，莫不如是，而宋時道教南宗祖師張伯端之〈悟眞篇自序〉，道
士夏元鼎之〈三教歸一圖說〉，永嘉周無所住之《金丹直指》，蕭應叟之〈元始
無量度人上品妙經內涵，〉元李道純之《中和集》，混然子王玠之《還眞集》，
皆論及三教，至於明代之三教論，較之宋元則有過之無所不及也。明太祖朱元
璋即爲三教論者，曰：

夫三教之說，自漢歷宋至今，人皆稱之，故儒以仲尼，佛祖釋迦，
道宗老聃，於斯三事，惧陷老子，已有年矣！孰不知老子之道，非

〔註110〕《澹園集》卷二十二〈書鹽鐵後〉。
〔註111〕《澹園集》卷十四〈荊川先生右編序〉。

　　金丹黃冠之術，乃有國有家者，日用常行，有不可闕者是也。……
若果必欲稱三教者，儒者以仲尼，佛以釋迦，仙以赤松子輩，則可
以爲教之名，稱爲瑕疵。況於三者之道，幽而靈，張而固，世人無
不益其事，而行於世者，此二道也。……於斯三教，除仲尼之道，
祖堯舜，率三王，刪詩制典，萬世永賴，其佛、仙之幽靈，暗助王
綱，益世無窮，惟常是吉，嘗聞天下無二道，聖人無兩心。三教之
立，雖持身榮儉之不同，其所濟給之理一然。於斯三教，有不可闕
者。〔註112〕

此有三教融通之意，其言：「天下無二道，聖人無兩心」，即視三教之道，並
無二致，教化益世，異途而同功，似鼎三足而立，缺一不可，如劉謐〈三教平
心論〉所言：「隋李士謙之論三教也，謂佛，日也；道，月也；儒，五星也，
豈非三光在天，闕一不可，而三教在世，亦缺一不可。」〔註113〕明太祖之三
教論，後世學者，若李贄、羅汝芳、管志道、揚起元等人，皆有徵引闡釋，
李贄即因讀其文集，收錄有關三教論之文，以爲三教品，〈其三教品序〉云：

　　三教聖人，頂天立地，不容異同明矣！故曰：「天下無二道，聖賢無
二心」，我高皇帝，統一寰宇，大造區夏，其敬孔子，敬老子，敬釋
迦，有若一人，然其御製文集，凡論三教聖人，往往以此兩言斷之，
以見其不異也。夫既謂之道，謂之心矣，則安有異哉，則雖愚夫愚
婦，以及昆蟲艸木，不能出乎此道此心之外也，而況三教聖人哉。
　　〔註114〕

由是觀之，太祖之三教論，當有開啓激發明代三教論之功。

　　　明代持三教融通之見者，除前所言諸人，又有祝允明、屠隆、陸西星、
袁黃、鄧球、王世懋、袁宏道、鄭曉數人，然明代三教之魁，當推三教先生
林兆恩，其將三教合一論演爲教派，儼然一教之主，其徒眾不下數千人，散
佈於社會各階層，黃宗羲之《南雷文案》卷九〈林三教傳〉云：

　　兆恩以艮背法，爲人却病，行之多驗，又別有奇術，能濟人於危急
之時，故從之者愈眾，自士人及僧道，著籍爲弟子者，不下數千人，
皆分地倡教，所過往觀投拜者，傾城卑里，有司約束之，亦不能止

〔註112〕《明太祖御製文集》卷十一〈三教論〉。
〔註113〕《叢書集成》。
〔註114〕《李溫陵集》卷十〈三教品序〉。

也。〔註115〕

黃宗羲稱其學爲佛老，因恐人譏其邪，而合之於儒，遂爲驢非驢、馬非馬之物。今不論其學之長短，觀其徒之眾，即可知推廣三教合一論，其功甚偉。

　　焦竑晚林兆恩約二十三歲。〔註116〕林兆恩倡三教之盛況，焦竑當能睹及，又明代三教論者，如祝允明（1461～1527）、陸西星（1520～約 1601）、袁黃（1533～1606）、羅汝芳（1515～1588）、管志道（1536～1608）、楊起元（1547～1599）、李贄（1527～1602）、王世懋（1517～1598）、袁宏道（1568～1610），大抵與焦竑同時，而竑嘗問學於羅近溪，李贄爲其友人，焦竑居此思想背景之中，是否受影響，不敢貿然衡斷，然其三教觀，確同其師耿定向有異，耿定向宗儒學而排佛老，與焦竑之書信中，評佛議老之語，時時可見，云：

> 楊大宰謂我曰：「孔孟之學不離事物，故曰在格物，曰費而隱，宋儒亟言心性，則不免隱而隱矣，見雖入微，稽其行業，不逮漢人有以也，即今禪那家蘆渡後，直指人心，從尋之了不可得處覓宗，與釋迦教旨，亦有間也，故曰教外別傳云」，往余見亦如是，聆之岊然，老氏曰：「三十輻共一轂，當其無有，車之用。」蓋爲世人貪滯形器，而不能默契無之妙理云爾，如離形器而惟溺虛無之見，可乎？夫輪轅蓋軫一不具，不可以爲車，車不具，即有重寶奇珍，將何以載之，吾人受形宇內，只此七尺之驅，神靈之所都也，綱常之所統也。天地之化，所資以贊，而民物之命，所資以立也。彼離倫厭事，蔑棄禮教，猥云別有出世法，不生不滅，殆猶致遠者，舍車而坐虛空，誕矣！〔註117〕

耿定向謂佛老「離倫厭事，蔑棄禮教」，實與欲達遠地者，舍車而坐虛空，同爲荒誕，故而對世之推崇佛老者，並不以爲然，〈與焦竑書〉云：

> 使二氏之道，果與吾孔孟同耶，吾儕不必更推崇之也，□□孔孟異耶，吾儕不當推崇之也。不必推崇，不當推崇，而曉曉然相率推崇之，是率天下人而二天也，若彼推崇佛氏之道爲最大，而弁毫吾孔孟爲不足與擬者，則是生育于蓋覆之中，而顧自欲逃于天之外，不謂之自欺，欺天不可矣！〔註118〕

〔註115〕《南雷文案》卷九。
〔註116〕焦竑生於明世宗嘉靖十九年（1540），卒於明神宗萬曆四十八年（1620）。
　　　　林兆恩生於明武宗正德十二年（1517），卒於明神宗萬曆二十六年（1598）。
〔註117〕《耿天台先生文集》卷三〈與焦弱侯〉。
〔註118〕同註117。

言佛老之道若與孔孟同，即不必再推崇，設若不同，愈是不當推崇，此以儒學為準則，以儒學之立場論斷佛老，不免有偏失，然耿定向之排佛斥老，由言意間可曉之也。至於焦竑則不然，不特研讀佛經，〔註119〕深究老莊，〔註120〕亦竭力闡紾佛老與儒之同，屢屢為佛老辯護，黃宗羲《明儒學案》卷三十五記焦竑曰：

> 耿天台在南中謂其子曰：「世上有三個人說不聽，難相處。問為誰？」
> 曰：「孫月峯、李九我與汝父也。」〔註121〕

耿定向謂竑「說不聽，難相處」所指豈此事乎？

第一目　論儒佛之同

　　佛為外來之學，傳之中國不免衝盪學界，歷代學者，好之者怡然承受，惡之者則極力責斥，儒家為中國顯學，受挫較重，儒士有見於此，遂有護儒排佛之舉措，如韓愈、歐陽修、程顥與朱熹即為排佛大儒。焦竑為宗儒之心性論者，然竑非但不排佛，更時時為釋氏辯護，若程顥謂釋氏以生死恐動人，乃以利心立教者，曰：

> 佛學只是以生死恐動人，可怪二千年來無一人覺此，是被他恐動也。
> 聖賢以生死為本分事，無可懼，故不論生死，佛之學為怕死生，故只管說不休。下俗之人固多懼，易以利動。至如禪學者，雖自曰異此，然要之只是此箇意見，皆利心也。〔註122〕

明道言「利心」者，即指求私人利益之心也。其以為佛氏「本是利心上得來，故學者亦以利心信之」，〔註123〕而「今則人人談之，瀰漫滔天，其害無涯」，〔註124〕竑於此則有異議，曰：

> 儒者或謂出離生死為利心，豈其絕無生死之念耶，抑未隱諸心而漫言

〔註119〕焦竑《澹園集》卷十七〈贈吳禮部序〉云：「始也讀首楞嚴，而意儒遜佛，既讀阿含，而意佛等於儒，最後讀華嚴而悟，乃知無儒無佛，無小無大，能小能大，能佛能儒。」由是可知，焦竑嘗用心力研讀佛經，非泛論佛說者。

〔註120〕焦竑著有《莊子翼》八卷，採集自郭象，支道林以降二十二家解莊子說。又著有老子翼三卷，採集自韓非以降解老之書六十四家，二書旁徵博引，闡釋詳實，竑著二書，費力必巨矣！

〔註121〕《明儒學案》卷三十五〈泰州學案〉四，文端焦澹園先生竑。

〔註122〕《河南程氏遺書》卷一〈端伯傳師說〉。

〔註123〕同註122。

〔註124〕同註122。

此，以相欺耶，使果毫無悅生惡死之念，則釋氏之書，政可束之高閣，
第恐未悟無生，終不能爲生死所動，雖曰不動，直強言耳，豈其情乎！
又當知超生死者，在佛學特其餘事，非以生死脅持人也。〔註125〕

悅生惡死爲人之常情，人終不能不爲生死所動，若謂己絕不懼生死，竑視爲
欺人之言，非其衷心也，況超生死者，僅爲佛學之餘事，佛豈欲以生死脅持
人邪？又程明道言佛唯務上達而無下學，〔註126〕竑辯之曰：

離下學則無上達，佛說種種方便，皆爲未悟者設法，此下學也，從
此得悟，即名上達。〔註127〕

程明道又言佛傳燈千七百人，無人達者，不然，何以削髮胡服而終，〔註128〕
竑則以爲：

削髮胡服，此異國土風，文中子所云：「軒者不可以適越，冠冕不可
以之胡」者也，然安知彼笑軒車冠冕，不若我之笑削髮胡服者耶，
故老聃至西戎而效猵言，禹入躶國，忻然要解裳，局曲之人，蓋不
可道此。〔註129〕

程明道之闢佛，焦竑駁之甚力，其指明道之闢佛，皆爲揣摩之言，而不得其
當，乃明道未究佛道所致，實「大似聽訟者兩造未具而臆決其是非，贓證未
形而懸儗其罪案」，〔註130〕難以服人也。

至於韓愈與歐陽修之排佛，焦竑則言其不外慕孟子之攻楊墨而爲之，二
人於儒理本無所得，非腳踏實地之人也，曰：

二公於儒理本無所得，其闢佛老，亦慕孟子之攻楊墨而爲之耳，非
腳跟點地之人，宜無特操乃爾。〔註131〕

焦竑如斯爲釋氏護衛，非爲他事，蓋其觀佛學所言，與儒學大抵通貫，其於〈刻
大方廣佛華嚴經序〉一文中，言其先以爲孔孟之教與釋氏不盡合，然「晚而
讀華嚴，乃知古聖人殊途同歸，而嚮者之疑，可渙然冰釋已」，〔註132〕故謂能

〔註125〕《筆乘續集》卷二〈支談〉下。
〔註126〕《河南程氏遺書》卷十三。
〔註127〕《澹園集》卷十二〈答友人問〉。
〔註128〕同註122。
〔註129〕同註127。
〔註130〕同註127。
〔註131〕《澹園集》卷四十七〈崇正堂答問〉。
〔註132〕《澹園集》卷十二〈又答耿師〉。

讀華嚴經，「然後知六經語孟無非禪，堯舜周孔即爲佛」，〔註133〕如是，無怪乎學者之闢佛，焦竑以爲彼若非未究佛乘，即不解儒理也。

然焦竑之思想以心性說爲依歸，論述儒佛之同，亦植基於心性之觀點上，以爲釋氏之言心性，與孔孟不異，佛經所言，儒者大抵具之，竑曰：

> 佛言心性，與孔孟何異？〔註134〕

> 內典所言心性之理，孔孟豈復有加？〔註135〕

> 佛雖晚出，其旨與堯舜周孔無以異者，其大都儒書具之矣！所言本來無物者，即中庸未發之中之意也。〔註136〕

佛所言本來無物者，焦竑以爲即中庸未發之中，依竑之意，中庸未發之中乃人之本性，或孔孟所言之仁心，或陽明所言之良知，名雖異而其實同也，〈答友人問〉曰：

> 夫良知即前之謂覺與仁也，今人乍見孺子入井，皆有怵惕惻隱之心，是人人有此良知也：呼而與之不受，是行道有此良知也；蹴而與之不屑，是乞人亦有此良知也，此豈待於外索名哉？故曰「人皆可以爲堯舜」，夫「人皆可以爲堯舜」在孝弟，而孝弟在徐行後長，天下有不能徐行後長者乎？則無不能爲堯舜可知已。即孝弟即堯舜，與即心即佛，本非二說，蓋人心一物，而仁也，良知也，孝弟也，則皆其名耳。〔註137〕

本性乃人人皆有之物，有如自家之寶，非僅釋氏有之，只爲釋氏道破而已，故竑云：「道是吾自有之物，只煩宣尼與瞿曇道破耳，非聖人一道，佛又一道也。大氐爲儒佛辨者，如鄰人之子，各詫其家之月，曰爾之月不如我之月也，不知家有爾我，天無二月」。〔註138〕蓋人之心性，不分夷夏，乃一物也，豈可謂儒道勝於佛道！豈可因釋氏非中國人，其所言心性之理，即不可信，而揜耳不聞，若如是，不亦陋矣！曰：

> 世之闢佛者，謂其非中國人耳，不知肅慎之矢，氐羌之鸞，卜人之丹砂，權扶之玉石，中國之人世寶之，獨其微言妙論，乃揜耳不欲

〔註133〕同註132。
〔註134〕同註131。
〔註135〕《澹園集》卷四十八〈古城答問〉。
〔註136〕《澹園集》卷十二〈又答耿師〉。
〔註137〕同註127。
〔註138〕《澹園集》卷四十九〈明德堂答問〉。

聽，亦可怪已。嘗謂此性命，我之家寶也，我有無盡藏之寶，埋沒
已久，貧不自聊矣！得一貫胡焉，指而示之，豈以其非中國人也，
拒其言哉！彼人雖貫胡，而寶則我故物，人有裔夏，寶無裔夏也，
況裔夏無定名，緣人自相指射，我指彼為裔，安知彼不指我為裔耶，
達者可為一噱。〔註139〕

又本性人之道德本源，如無窮盡之寶藏，人之成德致聖，皆由是得之，故人
須由性宗悟入，自家體悟出來，不宜徒仿他人之行止，儒者當如是，釋氏亦
當如是，今之學者不知察究，但於爭辯儒佛之異用力，此非達者所當為也，
焦竑之〈答錢侍卿〉曰：

宋儒如周元公、程伯子、邵堯夫、陸子靜諸公，皆於道有得，僕所
深服。至伊川，晦庵之學，不從性宗悟入，而以依倣形似為工，則
未得孔孟為之依歸故耳，藉令學者不知學之宗趣，而以此為法，竊
恐其入於鄉愿，而不自知也。儒釋之辨，尤今日一大公案。僕非左
袒釋氏者，但以學者不究明己事，日棼棼二氏之辯，所謂「如人數
他寶，自無半錢分」。故一為曉之耳。異日者足下一到彼岸，自能知
其指歸，亦非筆舌所能罄也。〔註140〕

世之闢佛者，不知心性不分儒釋，不知成德致聖當由心性著眼，愈是不知孔
孟之學，亦盡性至命之學，非佛氏專有也。惟獨孔孟之言心性，其言簡旨微，
而未詳加闡釋，不易曉之也，學者又為漢宋諸儒之注疏所溺惑，故不能通解
其旨，以致聞佛氏言及心性妙理，即將之獨歸為梵學，並斥為異說，實令人
慨嘆也。竑曰：

孔孟之學，盡性至命之學也，獨其言約旨微，未盡闡晰，世之學者
又束縛於注疏之學，玩狃於口耳，不能驟通其意，釋氏諸經所發明，
皆其理也。苟能發明此理，為吾性命之指南，則釋氏諸經，即孔孟
之義疏也，而又何病焉。〔註141〕

又曰：

世之與釋氏辨者多矣！大氐病其寂滅虛無，毀形棄倫，而不可為天
下國家也，夫道一而已，以其無思無為謂之寂，以其不可覩聞謂之

〔註139〕《筆乘續集》卷二〈支談〉上。
〔註140〕《澹園集》卷十二〈答錢侍御〉。
〔註141〕《澹園集》卷十二〈答耿師〉。

虛，以其無欲謂之靜，以其知周萬物而不過謂之覺，皆儒之妙理也，自儒學失傳，往往束於形器見聞，而不知其陋。一聞上語者，顧以爲異說而咻之。〔註142〕

釋氏諸經所論之理，正爲儒家心性之妙理，「而釋氏直指人心，無儒者支離纏繞之病。」〔註143〕故可爲吾人性命之指南，可爲孔孟之義疏也。依是，學者誠有志於道，焦竑「以爲儒釋之短長，可置勿論，而第反諸我之心性，苟得其性，謂之梵學可也，謂之孔孟之學可也，即謂非梵學非孔孟之學，而自爲一家之學亦可也。」〔註144〕

　　焦竑雖以爲佛所言之心性與儒家同，而爲釋氏辯護亦甚用力，然焦竑之於佛學，則非全盤皆收，乃有所擇取也，其擇取之準則，即「節其所長，而不蹈其敝」，竑曰：

今之爲儒佛辨者，大率類此，故學者與其拒之，莫若其兼存之，節其所長，而不蹈其敝，如雕題卉服之倫合沓內嚮，而王者巍然，開明堂以臨之，詎不足以明大一統之盛哉？眂世之遏羅曲防，以封吩自域者，狹亦甚矣！〔註145〕

所謂「取其所長」，即指取佛釋之心性論，而所謂「不蹈其敝」，即指不取用佛之宗教習俗。取佛之心性之理，蓋佛之心性理與儒同，而不取用佛之宗教習俗，此因「天下固無二道，而所以治人則異」，〔註146〕「自是異方之俗，決不可施於中國」，〔註147〕猶如中國之泥軒車不可適越，冠冕不可以之胡也。曰：

佛言心性，與孔孟何異，其不同者教也。文中子有言：「佛聖人也，其教西方之教也。中國則泥軒車不可以適越，冠冕不可以之胡，古之道也」，古今論佛者，惟此爲至當。〔註148〕

故而「今闢佛者欲盡廢其理，佞佛者又兼取其跡」，〔註149〕焦竑指此皆爲未透悟其中之理者也。

〔註142〕《澹園集》卷二十三〈國史經籍志釋家小序〉。
〔註143〕同註127。
〔註144〕《澹園集》卷十二〈答耿師〉。
〔註145〕同註142。
〔註146〕同註135。
〔註147〕同註135。
〔註148〕同註131。
〔註149〕同註131。

第二目 論儒道之同

焦竑之國史經籍志子類之道家，列有老莊之書目外，又收錄吐納、胎息、導引、辟穀、內丹、外丹、服餌、符錄之書目，依此衡量竑之道家範疇，似非老莊而已，而後世之道教，亦含括其中，然而焦竑非不解老莊與黃白之方士有異，蓋其目錄之分類未獨立一目以別之而已矣！而其於〈道家小序〉中則論述甚詳，曰：

> 九流唯道家多端，昔黃老列莊之言，清靜無爲而已，煉養服食所不道也。赤松子、魏伯陽則言煉養，而不言清靜；盧生、李少君則言服食，而不言煉養；張道陵、寇謙之則言符錄，而不言煉養服食，迨杜光庭以來至近世，黃冠獨言經典科教，蓋不唯清靜之旨趣，懵焉無聞，而煉養服食之書，亦未嘗過而問焉矣，而悉宗老氏以託於道家者流，不亦謬乎？〔註150〕

道家原惟黃老列莊，而專言清靜無爲，不言煉養服食，亦不言符錄，後代之赤松子、魏伯陽則言煉養，盧生、李少君則言服食，張道陵、寇謙之則言符錄，而諸人皆假託於道家，信爲大謬。又竑固言原始道家爲黃老列莊，其實竑心中之道家，乃老莊而已，〈莊子翼序〉即云：

> 老子在晚周，著書上下篇，明道德之意，而列御寇、楊朱、亢倉楚、莊周皆其徒也，諸子惟楊朱無書，列子在晉末書始行，疑後人取莊子爲之者，故太史公作列傳獨不及列子，《亢倉子》唐王士源所著，關尹子雖高，嬰兒、蕊女等語，聃時尚無之，亦後世知道之士所託爲，非其眞也。《莊子》舊傳五十三篇，今存者三十三篇，外雜篇間有疑其僞者，乃內篇斷斷乎非莊子不能作也，然則老氏門人之書，傳于世者唯莊子耳。〔註151〕

焦竑以老子著書闡明道德之意，視老子爲道家之始，〈盤山語錄序〉云：「老子古史官也，聞先聖之遺言，閔其廢墜。著五千言以存之，古謂之道家。」〔註152〕可爲佐證，而老子門人之書傳于世者，唯有莊子也，故而焦竑之言道家，實以老莊爲指歸也。

老莊思想與儒學同發源於中國，非由外國輸入者，然歷代儒學之士，常

〔註150〕《澹園集》卷二十三〈國史經籍志道家小序〉。
〔註151〕《澹園集》卷十四〈莊子翼序〉。
〔註152〕《澹園集》卷十六。

將其與佛學並列而訶斥之，焦竑之師耿定向與焦竑之書信中，即將老子與佛學合爲評論，謂老子：「惟溺虛無之見」，又云：「蓋老子覷道之原，而未解道之所以修，懲禮之流而未察禮之所自生」。〔註153〕焦竑言及老莊，論旨則與耿定向迥異。世儒多詘老子，視爲異端而不講，竑以爲老子非異端，乃上古南面臨民之術，〈盤山語錄序〉曰：

> 老子古史官也，聞先聖之遺言，閔其廢墜，著五千言以存之，古謂之道家。道也者，清虛而不毀萬物，上古南面臨民之術也，而豈其異端者哉？古道不傳，而世儒顧以老子爲異，多詘其書而不講，至爲方士所託，於是黃白男女之說，皆以傅著之，蓋學者之不幸，而亦道之辱也。〔註154〕

《國史經籍志》〈子類之道家小序〉亦曰：

> 夫道以深爲根，以約爲紀，以虛極靜篤爲至，故曰虛者道之常，因者君之綱，此古聖人秉要執中，而南面無爲之術也。〔註155〕

老子爲道家之創始者，而道爲其學之樞機，虛靜則爲道之常，焦竑稱其學爲南面臨民之術，是以老莊盛言虛無之理，竑指老莊非欲廢置世教，反之，虛無者，實爲立世教之依據，〈讀莊子七則〉曰：

> 老莊盛言虛無之理，非其廢世教也。虛無者，世教所以立也。彼知有物者，不可以物物，而觀無者，斯足以經有，是故「建之以常無有」。不然，聖人之業，將以成變化，行鬼神，而欲責之膠膠擾擾之衷，其將能乎？老子曰：「執古之道以御今之有」，夫曰今之有則古之爲無可知已。而御有者，必取諸無，然則謂虛無廢世教，可不可也。〔註156〕

老莊之言虛無，是立世教之理，故而虞舜夏禹以無治國，則非廢事不行，乃無爲而治也，此實如莊子水清之喻，水不雜則清明，然若閉塞不流，亦不能清也，廢事不爲即閉塞不流之水，與無爲殊異。至如魏晉清談之士，以廢事爲無爲，失之則甚遠矣！讀〈莊子七則〉又曰：

> 是故舜之無而治，非不治也，以無爲治也。禹之行其所無事，非不

〔註153〕同註117。
〔註154〕同註152。
〔註155〕同註150。
〔註156〕《澹園集》卷二十二。

行也，以無事行也。而昧者遂至清談廢事，如晉、宋人之爲，斯失
之遠矣。莊子曰：「水不雜則清，莫動則平，鬱閉而不流，亦不能清。」
夫以廢事爲無爲，是鬱而閉之，而幾水之清者也。〔註157〕

焦竑不詘責老莊，爲老莊辯解，係以爲老莊之學與孔孟相通，故對世儒之攻老
莊，加以批駁，謂何以孔子與老子同出於周季，而斯時老子不詘孔子，孔子亦
不詘老子，又莊子與孟子同時，何以莊子不詘孟子，孟子亦不詘莊子，而今之
學者乃攻孔孟所不攻，「豈以孔孟之言詳於有，而老莊詳於無。」，〔註158〕而疑
其有不同者邪！曰：

老之有莊，猶孔之有孟也。老子與孔子同時，莊子與孟子同時。孔
孟未嘗攻老莊也，世之學者顧諩諩然沸不少置，豈以孔孟之言詳於
有，而老莊詳於無，疑其有不同歟？〔註159〕

老莊之詳於無，孔孟之詳於有，焦竑以爲非得以此裁定二者有不同，孔孟非不
言無，是寓無於有，姑以世之所易知者導引群蒙，即所謂下學而上達也。而老
莊之詳於無，乃因其見孔孟之學者，拘限於有而通達者甚寡，是故爲補孔孟之
不足而專言無，至如禮樂仁義，孔孟已深言之，老莊何爲而贅之矣！竑曰：

嗟乎！孔孟非不言無也，無即寓于有，而孔孟也者，姑因世之所明
者引之，所謂下學而上達。彼老莊生其時，見夫爲孔孟之學者，局
於有而達焉者之寡也，以爲必通乎無，而後可以用孔孟之有，於焉
取其略者而詳之，以庶幾乎助孔孟之所不及，彼禮樂仁義之云，孔
孟即丁寧之矣！而吾復取而贅之，則何爲乎？老莊之雅意，而非其
創爲高也。〔註160〕

老莊詳言無，實爲助孔孟之不及，乃其雅意，非爲立異自高，況形而上者謂
之道，形而下者謂之器，本孔孟之言，若將道器二者易爲有無，上下二字易
爲妙徼，即可知二者用詞有異，而其意則不殊也。竑曰：

不然，「形而上者謂之道，形而下者謂之器」，固孔孟之言也，今第
易道器爲有無，轉上下爲妙徼，其詞異耳。以其詞之異，而不知其
意之同，是攻之者之自病也，曾足以病老莊乎？〔註161〕

〔註157〕同註156。
〔註158〕同註151。
〔註159〕同註151。
〔註160〕同註151。
〔註161〕同註151。

焦竑又於支談上以「人之名天」為喻，論聖人之言道，用詞之不同，猶如人之名天，「中國謂之天，匈奴則謂之撐犁」，名雖異，其實則一也。是以絀儒學者，非獨不知儒，亦不知老；絀老子者，非獨不知老，亦不知儒也。竑曰：

> 孔子與老子同出周季，良由黃、虞漸遠，故大聖迭起，以振群蒙，非偶然也。釋教周時未入中國，孔老同時問答。為之徒者，或至參商，儒學絀老子，老子亦絀儒學，絀儒學者，非獨不知儒，亦不知老，絀老子者，非獨不知老，亦不知儒。善乎！曹德芳之語。高叔嗣曰：「聖人之言道，如人之名天也，中國謂之天，匈奴謂之撐犁，豈有二哉？」天固不自知，而人強名之，又爭辯之，故學者誠求至於道，凡支言可忘也。〔註162〕

然竑之言儒學與老莊之異同，亦歸根於心性之論點上，以為二者著書立說鵠的不異，皆欲助彼迷失本性之學者，得以復性成德，曰：

> 孔孟老莊閔學者之失其性也，而為之書以覺之，不知反其性而嘵嘵然同異之辨，非余之所知也。〔註163〕

是故學者若不知歸復本性，第呶呶然議論儒道同異之辨，此為捨本逐末之舉也。

第三目　論三教同歸一道

　　觀焦竑之論儒佛、儒道之同，蓋隱然可知其有三教同歸一道之意，〈贈吳禮部序〉所言，其意益顯，其曰：

> 道一也，達者契之，眾人宗之。在中國者曰孔孟老莊，其至自西域者曰釋氏，繇此推之，八荒之表，萬古之上，莫不有先達者為之師，非止此數人而已。昧者見跡而不見道，往往瓜分之而又株守之。〔註164〕

此道不問何時，不論何地，於古於今，於中國，於西域，皆一致也。因而中國孔孟老莊之學，或西域釋學，胥不外於此道也。此「道」之意為何？竑曰：

> 道是吾自有之物。〔註165〕

又曰：

〔註162〕同註139。
〔註163〕同註151。
〔註164〕《澹園集》卷十七〈贈吳禮部序〉。
〔註165〕《澹園集》卷四十九〈明德堂答問〉。

> 我即是道。〔註166〕

又曰：

> 道自足也。〔註167〕

綜觀所言，蓋其「道」之意，乃指成德致聖之理，即性命之理，斯性命之理，孔子罕言之，老子時言之，釋氏詳言之。孔子罕言，乃以中人以下，不可語上理也，然其隱微之言亦多，特童習紛雜，不干性命，又唐宋之注疏，誤導孔孟之義，故而儒學之士鮮曉其說，然若能研讀佛書，孔子之說可以即悟，曰：

> 性命之理，孔子罕言之，老子累言之，釋氏則極言之。孔子罕言，
> 待其人也，故曰：「不憤不啓，不悱不發。」中人以下，不可語上也，
> 然其微言不爲少矣，第學者童習日紛，翻成玩狎，唐疏宋注，錮我
> 聰明，以故鮮通其說者。內典之多，至於充棟，大抵習了義之談也，
> 古人謂闇室之一燈，苦海之三老，截疑綱之寶劍，抉盲眼之金鎞，
> 故釋氏之典一通，孔子之言立悟，無二理也。張商英曰：「吾學佛，
> 然後知儒」，誠爲篤論。〔註168〕

焦竑謂讀佛書，可助通解孔子之說，其因有二，一則佛書言性命之理，於儒、釋、道三者之中，最爲詳盡。二則以儒、釋、道之學，皆不離性命之理，故三者可互爲通解。依是可知，其論三教之同，即着眼於心性之上。

然焦竑之言三教同一道，非倡三教合一，故對當時王道（1476～1532）、穆孔暉（1479～1539）、薛惠（1489～1541）之倡三教合一，指爲明目張膽之謬論，曰：

> 孔老釋迦之出，爲眾也。法華云：「諸佛世尊，唯以一大事因緣，故
> 出見於世。」又云：「諸佛如來，但教化菩薩，諸有所作，常爲一事，
> 唯以佛之知見示悟眾生。」知佛則知孔老矣！後世源遠流分，三教
> 鼎力，非聖人意也。近日王純甫、穆伯潛、薛君采輩，始明目張膽，
> 欲合三教而一之，自以爲甚偉矣！不知道無三也，三之未嘗三，道
> 無一也，一之未嘗一，如人以手分擘虛空，又有惡分擘之妄者，隨
> 而以手一之，可不可也，夢中占夢，重重成妄。〔註169〕

〔註166〕《澹園續集》卷五〈答蘇撫州〉。
〔註167〕《澹園集》卷十四〈宗儒語略序〉。
〔註168〕同註139。
〔註169〕同註139。

三教之道同爲性命之理，故知佛則可知孔老，然道本無三分，亦無所謂之合一，若強加分合，竑謂爲夢中占夢，重重爲妄矣！

第三章　焦竑之文學

　　明弘治、正德年間，以楊士奇、楊榮、楊溥爲首之臺閣體，專爲粉飾太平、歌功頌德之詩文。而理學家之詩則闡道言理，迂腐庸俗。以李夢陽、何景明爲首，包括徐禎卿、邊貢、康海、王九思、王廷相在內之「前七子」不滿此類文風，遂推展復古運動，而有文學秦漢、古詩遵漢、魏，近體宗盛唐之說。此說實直承嚴羽也，《滄浪詩話》曾云：「入門須正，立志須高。以漢、魏、晉、盛唐爲詩，不作開元，天寶以下人物。……學者須從最上乘，具正法眼，悟第一義。」，〔註1〕以爲學詩習文當取法乎上，由最上乘着手，即如謝榛所言：「學其上僅得其中，學其中斯爲下矣！豈有不法前賢而法同時者？」，〔註2〕是以李、何之用意本善，然至嘉靖年間，李攀龍、王世貞、謝榛、宗臣、梁有譽、徐中行、吳國倫等，繼李、何等前七子之餘波，推演闡述，聲勢益浩大，天下之士翕然宗之，世稱後七子，其徒眾，上者猶知師古創新，然下者則只知剽奪古人文詞以自高。焦竑生逢是時，見此風潮，甚爲不喜，故而議論詩文之際，筆鋒時時指向前後七子之徒，極力責難，〈與友人論文〉即曰：

> 近世不求其先於文者，而獨詞之知，乃曰：「以古之詞屬今之事，此爲古文云爾。」韓子不云乎：「惟古於詞必已出，降而不能乃剽賊。」，夫古以爲賊，今以爲程，故學者類取殘膏剩馥，以相鱗次，天吳紫鳳，顚倒裋褐，而以炫盲者之觀，可不見也？蘇子云：「錦繡綺縠，服之美者也，然尺寸而割之，錯雜而紉之，則綈繒之不若。」，今之敝何以異此？。〔註3〕

〔註1〕　《滄浪詩話》、〈詩辨〉。
〔註2〕　《四溟詩話》卷一。
〔註3〕　《澹園集》卷十二。

〈題謝康樂集後〉又曰：

> 余觀弘、正一二作著，類遺其情，而模古之詞句，迨其下也，又模
> 模之者之詞句。本之不碩，而第繁其枝，欲其有可食之實，可匠之
> 材難矣！以彼知爲詩不知其所以詩也。〔註4〕

焦竑以爲習作文章，師古固不可廢，但當能脫棄古人枷鎖，自立一格，所謂：「脫
棄陳骸，自標靈采，實者虛之，死者活之，臭腐者神奇之。」，〔註5〕若特執古
人之遺物以炫時人，此非君子作爲也，至於詩歌則當以道性情爲本，若「本之
不碩而第繁其枝。」，惟知剽奪辭采，或句句仿古，豈爲作詩之正法哉？

　　焦竑之詩文理論，於駁斥前後七子之時，蓋已述說其梗概，然焦竑乃宗
儒之心性論者，學術觀念側重倫理道德與實用，故論文亦倡宗經晰理，不喜
華繁實寡而無用之文，而論詩則重勸諭箴砭，憫事憂時，亦不離乎實用也。

第一節　文　論

　　焦竑之著述，言及心性者實不少，然而其非空談心性者，除卻提倡躬行
實踐，而經世濟時亦爲其所重，故而論及文章之創作，亦以爲當關乎經濟教
化，否則非徒無益，反能鼓惑人心，助亂造禍，是以纂組華采，雕刻字句，
非文章之急也。蓋因倡文必涉經世實用，焦竑亦重文章之理，所謂文章之理，
即事物之理。而六經爲載道存理之文，其以爲習文綴章如能宗經窮理，則下
筆必能左右逢源，不假思索，即所謂「理洞而辭暢」〔註6〕也。又因時下前後
七子之徒眾，一味模擬，甚而剽掠古人文句，故焦竑爲批判此歪風，提出師
古創新之說，即強調習文綴章，師古不可免，然當而脫棄陳骸，自標靈采，
化腐朽爲神奇。

第一目　脫棄陳骸，自標靈采

　　夫人之吮乳啼哭，可不學而能也，而泚筆爲文，則非學不能至也。蓋文
章之事，中有規矩法式，有義理情性，非特肢體手足即可爲之，而必有心存
焉，日月浸漸，始可有所得，故摛文綴篇，師法古人乃必然之事耳。焦竑於

〔註4〕《澹園集》卷二十二。
〔註5〕《澹園集》卷十二〈與友人論文〉。
〔註6〕《澹園續集》卷二〈重暉堂集序〉。

〈刻蘇長公集序〉曰：

> 譬之嗜音者必尊信古，始尋聲布爪，唯譜之歸，而又得碩師焉以指
> 授之。乃成連於伯牙，猶必徙之岑寂之濱、及夫山林杳冥、海水洞
> 涌，然後恍有得於絲桐之表，而水山之操爲天下妙。若矇者偶觸於
> 琴而有聲，輒曰「音在是矣」！遂以謂仰不必師於古，俯不必悟於
> 心，而熬然可自信也，豈理也哉？〔註7〕

竑以爲嗜音者學操琴，須先尊信古法，因聲布爪，唯譜之歸，而又得碩師傳
授，方得成藝，即操琴聖手伯牙，猶必徙於岑寂之濱，山林之際，以悟琴曲
之妙。至於拈筆爲文者，亦當如是，必先師法古人以習文章之法。如登高須
藉階梯，是以古人文章名家，亦不能無本祖，皆各有所宗也。竑曰：

> 漢世蒯通、隨何、酈生、陸賈，游說之文也，而宗戰國；晁錯、賈
> 誼，經濟之文也，而宗申、韓、管、晏；司馬相如，東方朔，吾丘
> 壽王，謫諫之文也，而宗楚辭；董仲舒、匡衡、揚雄、劉向，說理
> 之文也；而宗六經；司馬遷、班固、荀悅，紀載之文也，而宗春秋、
> 左氏；其詞與法可謂盛矣！而華實相副，猶爲近古，至於今稱焉。
> 〔註8〕

初學爲文者由摹擬入手，雖有意如是，亦無大碍，惟積學日進，久而久之，
能心神領會，去古人之形貌，得其神理，而卓然成家也。設若不法古不師今，
自逞胸臆，將如稱物不師衡、彈琴不師譜，工匠不師繩矩，必終身無所成也。
然而竑之師法古人，不限於一時，不拘於一家，範疇較爲廣泛，以多學爲是，
〈文壇列俎序〉即曰：

> 孔子曰：「夫言豈一端而已」，言者心之變，而文其精者也。文而一
> 端，則鼓舞不足以盡神，而言將有時而窮。易有之：「物相雜曰文。」
> 相雜則錯之綜之，而不窮之用出出焉。〔註9〕

文章乃多樣多貌，若萬物相雜錯，千姿百態，故有無窮之用，如僅守一端，
非但未能暢所欲言，而言必有時而盡，猶盲者觸物皆塞也，是以群從一家之
言，竑以爲謬也。〈文壇列俎序〉曰：

> 宋王介甫守其一家之說，群天下而宗之，子膽譏黃茅白葦，彌望如

〔註7〕　《澹園集》卷十四。
〔註8〕　同註5。
〔註9〕　《澹園續集》卷二。

一，斯亦不足貴已。近代李氏倡爲古文，學者靡然從之，不得其意，
而第以剿略相高，非是族也，擯爲非文。噫！何其狹也。譬之富人
鼎俎，山貢其奇，海效其錯，四善八珍，三臠七俎，切如繡集，疊
如霧雜，而又陸杜䮘泰，嘉魴美蚶，魏國之杏，巨野之菱，衡曲之
黃梨，汶垂之蒼栗，三雅百味，疊陳而遞進。乃有窶人子者，得一
味以自多，忘百羞之足御，不亦悲乎！〔註10〕

前後七子之倡爲文必師秦漢，欲人同其學，竑以爲若如其說，勢必如蘇軾譏
王安石所言：「惟荒瘠斥鹵之地，彌望皆黃茅白葦。」〔註11〕各家文章風格
將千夫如一面，全無特色，其評前後七子之徒：「詞調如出一人」，〔註12〕即
是斯意，故而學者師法古人，不須人人皆同師，方爲通京之衢也。

夫習文固應先師古，然善師古者，非以相襲剿竊爲尚，而貴卓爾有所見，
不苟同於人耳。明王鏊曰：

爲文必師古，使人讀之不知所師，善學古者也。韓師孟，不見其爲
孟也；歐學韓，不覺其爲韓也。若拘拘規倣，如邯鄲之學步，里人
之效顰，則陋矣！〔註13〕

學文師法古人，令人讀之不知其所師者，此乃師古之上者也。焦竑〈與友人
論文〉亦曰：

夫詞非文之急也，而古之詞又不以相襲爲美，書不借采於易，詩非
假塗於春秋也。至於馬、班、韓、柳、乃不能無本祖，顧如花在蜜，
藥在酒，始也不能不藉二物以胎之，而脫棄陳骸，自標靈采，實者
虛之，死者活之，臭腐者神奇之，如光弼入子儀之軍；而旌旗壁壘
皆爲變色，斯不謂善法古者哉？〔註14〕

師古貴創新，有如造蜜釀酒，須藉花與藥爲媒介，然而得酒與蜜，花與藥則
可棄捨也。師古不可尺尺寸寸求同於古人，理當脫棄陳骸，自標靈采，化腐
朽爲神奇，如蠶食椹葉，吐造金絲，而獨創一格，不然，入於古人而不能出，
枕於古人懷中而不離，非可謂爲善師法古人者也。漢之王充嘗曰：

飾貌以強類者失形，調辭以務似者失情，百夫之子不同父母，殊類

〔註10〕 同註9。
〔註11〕 《東坡集》卷三十〈答張文潛書〉。
〔註12〕 《澹園集》卷十五〈彭比部集序〉。
〔註13〕 《震澤長語》卷下〈文章〉。
〔註14〕 同註5。

而生，不必相似，各以所稟，自爲佳好，文必有與合，然後稱善，
是則代匠斲不傷手，然後稱之巧也。文士之務，各有所從，或調以
巧文，或辯僞之實事，必謀慮而合。文辭相襲，是則五帝不異事，
三王不殊業也。美色不同面，皆佳於目，悲音不共聲，皆怪於耳，
酒醴異氣，飲之皆醉，百谷殊味，食之皆飽，謂文常與前合，是謂
舜眉當復八采，禹目當重瞳。〔註15〕

其言文士擒文當自立門戶，不強同於古人，洵若百夫之子，不同父母，雖不
相形似，自爲佳好，而美女各異面，則同爲悅目矣！焦竑之論可與之相發明
也。

第二目　窮經晰理

　　夫文必宗經之思想，由來已久！荀子即云：

　　　　凡言不合先王，不順禮義，謂之姦言。〔註16〕

此雖未明示宗經之意，然已有徵聖之旨矣！漢之揚雄《法言》云：

　　　　大哉！天地之爲萬物郭！五經之爲眾說郭。〔註17〕

又曰：

　　　　書不經，非書也，言不經，非言也，言書不經，多多贅矣！〔註18〕

桓譚亦曰：

　　　　古佚禮記，古論語，古孝經，乃嘉論之林藪，文義之淵海也。〔註19〕

揚、桓言語間，宗經之意，已極爲昭顯，及王充謂：「文人宜遵五經、六藝爲
文。」，〔註20〕其意益加彰著。至於論文之篇章，以宗經命名者，蓋始乎劉勰，
其曰：

　　　　三極彝道，訓深稽古，致化歸一，分教斯五，性靈鎔匠，文章奧府，
　　　　淵哉鑠乎！群言之祖。〔註21〕

又曰：

〔註15〕　《論衡》、〈自紀篇〉。
〔註16〕　《荀子》、〈非相篇〉。
〔註17〕　《法言》。
〔註18〕　《法言》、〈問神篇〉。
〔註19〕　《桓子新論》、〈正經篇〉第九。
〔註20〕　《論衡》、〈佚文篇〉。
〔註21〕　《文心雕龍》、〈宗經篇〉。

故論、說、辭、序，則易統其首；昭、策、章、奏，則書發其源；賦、頌、歌、讚，則詩立其本；銘、誄、箴、祝，則禮總其端；紀、傳、銘、檄，則春秋爲根，並窮高以樹表，極遠以啓疆，所以百家騰躍，終入環內者也。〔註22〕

經書爲文章之山海，眾文體之本源，若能稟經以爲文，猶「即山而鑄銅，煮海而爲鹽。」，〔註23〕可取用不盡也。又宗經之文，其長有六：「一則情深而不詭，二則風清而不雜，三則事信而不誕，四則義直而不回，五則體約而不蕪，六則文麗而不淫。」，〔註24〕斯乃劉勰以爲文宜宗經之由也。

　　彥和之後，儒士之持宗經說者，亦悉以六經爲文章之林礦，文人可各取所須，資以成文。焦竑亦持爲文必宗經之論者，其於經術極爲重視。明代廢詩賦而以經術取士，或以爲如是難得博雅之才，竑以爲不然，蓋詩賦爲浮華小技，可以猝成，經術則非蘊藉之深不能入，而經術亦能均節人才，以平其用，非詩賦末藝所能及。〈賀沈君鳳岡舉明經序〉云：

國家罷前代詩賦，獨群多士，以經術造之，好古者嘗患不足收博雅之才。余竊以爲不然，詩賦浮華薄技，稍有才者，可以猝辦，至於經術，非蘊藉之深不能入。夫惟蘊藉之深也，高明者浸漬日久，既可化輕俊爲敦厚，沈潛者磨厲已至，亦能矯頹墮爲奮迅，所以均節人才之有餘不足，令得其平而用之也。國初名公巨卿，勳業爛然，率繇此出，豈詞華末藝之所能及哉？近世士習巧僞，經術之中復出歧邅，以濠上竺乾語，采掇而離合之，以相矜嚴，此與詩賦靡曼之習，亦奚以異。主司者或爲其所衒，而窮經之士始詘矣！〔註25〕

朝廷擇取人才，竑以爲採經術勝於詩賦，而其論習作文章亦以宗經爲準則，視經書爲文章之極品，舉六藝爲文章之典範，〈刻兩蘇經解序〉曰：

六藝者先儒以爲載道之文也，而文之致極於經。何也？世無舍道而能爲文者也。無論言必先王，學必窺原本，即巧如承蜩，捷如轉丸；甘苦徐疾，如斲輪運斤，亦必有進於技者，技豈能自神哉？技進於道，道載於經，而謂舍經術而能文，是舍泉而能水，舍燧而能火，

〔註22〕　《文心雕龍》、〈宗經篇〉。
〔註23〕　同註21。
〔註24〕　同註21。
〔註25〕　《澹園續集》卷三。

舍日月而能明，無是理也。〔註26〕

焦竑以道爲文章之主宰，故謂世無捨道而能文者，經書爲載道之至文，習作文章設若捨經術而謂能文者，豈非謂捨泉源而能得水，捨日月而能得明哉？由是可知，竑文必宗經之鵠的，非取辭之華，以爲爭豔競靡之用，實爲取經書中之道也。然焦竑是處所言「道」之意涵，蓋非獨指道德修養之理論，當泛指事物之理也。〈答柯學臺〉曰：

> 蓋文敝久矣！後生小子未暇窮經晰理，輒取古文奇字，鱗次爲文，
> 因之取上第者纍纍而是。當事者至奉詔條，三令五申之不能止也。
> 〔註27〕

〈鄧潛谷先生經繹序〉又曰：

> 竊謂宗聖以鑴理，酌古以富言，說經者之所同也。〔註28〕

然爲文之先擷取經書中之理，於文有何用？其於〈刻兩蘇經解序〉中，言兩蘇之爲文能如滔滔江河，坌然而出，衝砥絕梁，日月不已，道其所欲言而止者，不外其妙解經書之微旨也。竑曰：

> 兩蘇氏以絕人之資，刳心經術，沈浸涵泳之餘，妙契其微旨，若見
> 夫六通四辟，無之而非是者。故發之爲文，如江河滔滔汨汨，日夜
> 不已，衝砥柱，絕呂梁，歷數千里而放之於海，雖舒爲安流，激爲
> 怒濤，變幻百出，要以道其所欲言而止，故世代遞更，好憎屢變，
> 而二子之文，卒與六經爲不朽。何者？彼誠有所自得也，不然操觚
> 之士，代不乏人，而灰飛烟滅，隨影響而盡，此其故可知已。〔註29〕

由是可知，竑言文當宗經，而宗經必以晰理爲要，蓋因文人若能明理，其辭自可暢然無礙，即〈重暉堂集序〉所言：「理洞而辭暢」〔註30〕也，《國史經籍志》製書類小序亦曰：「古之聖哲，無意於文也，理至而文從之，如典謨訓誥是也。」〔註31〕宋之張文潛亦同此說，以明理爲學文者之急，理之於文，猶水之於江河，水流若不盛，濤波淪漣何由而生？爲文不務理，欲求其工，世未嘗有是也。其〈答李推官書〉曰：

〔註26〕《澹園續集》卷一。
〔註27〕《澹園集》卷十三。
〔註28〕《澹園續集》卷一。
〔註29〕《澹園續集》卷一〈刻兩蘇經解序〉。
〔註30〕同註6。
〔註31〕《國史經籍志》卷一。

自六經以下，至於諸子百氏，騷人辯士論述，大抵皆將以爲寓理之
具也。是故理勝者，文不期工而工，理愧者，巧爲紛澤而隙開百出，
此猶兩人持牒而訟，直者操筆，不待累累，讀之如破竹，橫斜反覆，
自中節目。曲者雖使假詞於子貢，問字於揚雄，如列五味而不能調
和，食之於口，無一可愜，何況使人玩味之乎？故學文之端，急於
明理。夫不知爲文者，無所復道，如知文而不務理，求文之工，世
未嘗有是也。夫決水於江河淮海也，水順道而行，滔滔汩汩，日夜
不已，衝砥柱，絕呂梁，放於江湖而納之海，其舒爲淪漣，鼓爲濤
波，激之爲風飆，怒之爲雷霆，蛟龍魚黿，噴薄出沒，是水之奇變
也，而水初豈如此哉？順道而決之，因其所遇而變生焉，溝瀆東波
而西竭，下滿而上虛，日夜激之，欲見其奇，彼其所至者，蛙蛭之
玩耳。江河淮海之水，理達之文也，不求奇而奇至奇。激溝瀆而求
水之奇，此無見於理，而欲以言語句讀爲奇之文也。〔註32〕

若將張氏此文與焦竑之〈刻兩蘇經解序〉相互參照，即可知二文不第含意同，
而文辭亦有相合者，是以竑之〈刻兩蘇經解序〉一文，蓋本諸張文潛也。又
焦竑宗經之意，何以偏諸晰理，由張氏所言之：「理勝者，文不期工而工；理
愧者，巧爲紛澤而隙開百出。」，亦可洞曉矣！

第三目　闡道濟時，有爲而作

吳夢陽爲焦竑之《澹園集》作序嘗曰：「文之無用者，其文非文，文之無
質者，其用非用，故善觀文者觀其質，而質不易觀也。」，〔註33〕此蓋已道盡
焦竑重視文用與文質之觀念，其合刻韓范二公集序即謂春秋之時，孔子所嘉
贊者，齊則爲管仲、晏嬰；魯則爲臧文仲，晉則爲叔向，鄭則爲子產，以此
數人之能輔助當世，在於其文之合於實用故也，而今世之文則離乎用，其弊
亦大矣！竑曰：

余觀仲尼於春秋，其所賢重者，齊則管仲、晏嬰，魯則臧文仲，晉
則叔向，鄭則子產，此數公當周末造，能新美舊學，而和齊用之，
不局於古，不齗於今，是能輔當時而傳後世，其文具在方策，如象
犧雲罍，古色鬱然，不可捫也。自學失其本，繁言無稱，文與用離，

〔註32〕《張右友文集》卷五十八、〈答李推官書〉。
〔註33〕焦竑《澹園集》明萬曆間欣賞齋刊本、〈焦太史弱侯先生集序〉。

敝也極也！〔註34〕

漢代王充嘗曰：「爲世用者百篇無害，不爲用者一章無補，如皆爲用，則多者爲上，少者爲下。」〔註35〕文章之高下，王充以有用無用爲標的，不合乎世用，百篇無益，合於世用，則以篇章之多寡爲準，多爲上，少爲下。焦竑之襃貶文章，亦近乎是，其評論韓琦，范仲淹之文曰：

> 其爲心非蘄以言語文字名者，而凡所撰造，必有爲而作，精覈典重，務以適用而止，鑿鑿乎如食之必可療飢，藥之必可已疾，非虛車可比也。當其出將入相，上爲朝廷所倚毗，下而童孺婦女，遠而夷狄，無不想聞其風采，中爲讒衊所沮抑，亦有不盡施用者，然自明道至於熙寧中間，章奏書疏，論列天下大計者多矣！無不叶天理當人情，得失有稽於前，而善敗足徵於後，非徒以氣力負荷之，華藻潤色之而已，故時以韓、范並稱，至今尊仰之無異詞，此於春秋五人者奚讓焉。〔註36〕

韓、范二公爲文作篇皆有所爲而作，如饍之療飢，藥之治疾，以適用爲止，故其文章不遜於春秋時齊之管、晏，魯之臧文仲，晉之叔向，鄭之子產諸人也。而蘇軾之文，竑以爲可利國惠民，合於實用，若不爲讒言所陷，使竟其用，其功名自可與韓、范二公相競美，〈刻蘇長公外集序〉曰：

> 至於忠國惠民，鑿鑿可見之實用，絕非詞人哆口無當者之所及，使竟其用，其功名當與韓、范諸公相競美，而卒中於讒以沒。〔註37〕

〈於書楊晉庵先生山居功課〉一文中，亦以實用觀念評論楊晉庵之文，曰：

> 先生當華繁實寡之時，獨能言必以道，如穀之療飢，藥之起疾，鑿鑿乎無高虛凌獵之敝，然則反璞還醇，爲世道賴者，終屬之先生，奚疑？〔註38〕

又評屠德胤之文亦然，言屠德胤爲文不關涉「救災防胡，褒表忠烈。」亦論及經籍史書，非空言無實者能及，誠可爲後學之依恃也，〈重暉堂集序〉曰：

> 乃若請命代母，立訓尊師，教家則孝則、女箴必畢具，考古則談經論史之皆覈，以至救災防胡，褒忠表烈。亹亹言之，靡不中竅，足令鞾

〔註34〕《澹園續集》卷一〈合刻韓范二公集序〉。
〔註35〕《論衡》〈佚文集〉。
〔註36〕同註34。
〔註37〕《澹園續集》卷一。
〔註38〕《澹園續集》卷九〈書揚晉庵先生山居功課〉。

緩婀娜者振其靡，而蹈仁履義者恃以立，則豈徒言而已哉？〔註39〕
韓琦、歐陽修、蘇軾、楊晉庵與屠德胤諸人之文，爲焦竑所讚賞，皆以其文
合乎實用也。然文章之欲合乎實用，則必含闡理濟時之實，因無實之文，不
足言用，乃徒爲美觀悅目之物而已矣！是故焦竑極崇尚實勝之文，〈與友人論
文〉曰：

> 六經四子無論已，即莊、老、申、韓、管、晏之書，豈至如後世之
> 空言哉？莊老之於道，申、韓、管、晏之於事功，皆心之所契，身
> 之所履，無絲粟之疑，而其爲言也，如倒囊出物，借書於手，而天
> 下之至文在焉，其實勝也。〔註40〕

六經諸子之文，由於蘊含豐碩之實，焦竑稱之爲「天下之至文」，而〈與友人
論文〉中又謂漢世之蒯通、蕭何、酈生、陸賈、晁錯、賈誼、司馬相如、東
方朔、董仲舒、揚雄、劉向、司馬遷、班固數人之文，猶能華實相符，足爲
世人所稱道。至於唐之文則實不勝法，宋之文則法不勝詞，然文實皆未漸盡，
未若近世之文，蔑棄文實，奮力於文辭雕飾，竑曰：

> 近世之文吾不知之矣！彼其所有者，道邪？德邪？事功邪？蔑其實
> 而欲妄爲之詞，身居一室而指顧寰海之圖，家蓋屢空而侈談崇尚之
> 饗，非獨實不中竅，乃其中疑似影響，方不自快，又安能瞭然於口
> 與手乎？〔註41〕

當世辭華而實癯之文，焦竑責斥爲「身居一室而指顧寰海之圖，家蓋屢空而
侈談崇高之饗。」，可知其不以玩辭弄藻爲尚。〈戴司成集序〉曰：

> 自去古漸遠，眞風日微，士大夫之高者，率刻情修容，依倚道藝，
> 以就其聲價。迨徐究其實，或不能副者，往往有之，其於文詞亦然，
> 纂組於華彩，而雕刻其詞句，冀以譁眾而取名，不知者間爲其所惑，
> 君子不道也。〔註42〕

焦竑又嘗言：「夫詞非文之急也」，〔註43〕是以若欲其於文辭與文實之間，僅
擇其一，顯而易知，必取文實也。竑曰：

> 竊謂君子之學，凡以致道也，道致矣！而性命之深宦與事功之曲折，

〔註39〕《澹園續集》卷二。
〔註40〕《澹園集》卷十二。
〔註41〕同註5。
〔註42〕《澹園續集》卷一。
〔註43〕同註5。

　　　　無不瞭然於中者，此豈待索之外哉？吾取其瞭然者而抒寫之，文從
　　　　生焉。故性命事功，其實也，而文特所以文之而已。〔註44〕

性命事功爲文章之實，而文辭章句爲傳達此性命事功之媒介，故其曰：「文特
所以文之而已。」。文辭爲傳達文實之媒介，而文辭當達何狀態爲是？宋司馬
光〈答文仲司戶書〉曰：「今之所謂文者，古之辭也。孔子曰：『辭達而已矣！』，
明其足以達意，斯止矣！無事於華藻宏辯也。」，〔註45〕焦竑亦以爲文詞足以
達意即可，曰：

　　　　孔子曰：「詞達而已矣。」，世有心知之而不能傳之以言，口言之而
　　　　不能應之以手，心能知之，口能傳之，而手又能應之，夫是之謂詞
　　　　達。〔註46〕

爲文之際，「則意不能無首尾，語不能無呼應，格不能無結構者。」，〔註47〕
故而文章不能無詞與法，然詞與法非文章之主，猶王安石所言：「所謂辭者，
猶器之有刻鏤繪畫也。」，〔註48〕焦竑於此詮釋孔子之「詞達而已矣」，固未
明言文辭足以達意即止，僅謂「心能知之，口能傳之，而手又能應之，夫是
之謂詞達。」，然由其側重文實，不喜雕字飾詞之文，可知其於文辭之妍媸，
蓋採足以達意即止之原則也。

第二節　詩　論

　　焦竑曰：「蒙莊有言，詩以道性情，蓋以洞達性靈而勸諭箴砭，以壹歸於
正。」，〔註49〕是寥寥數語，實已含括焦竑詩論之大要。謂詩以道性情，蓋因
詩人作篇若胸含悲喜而始發之筆端，則其情眞切，易動人肝腸也，猶猿猴之
失子，其鳴哀苦，固爲獸音，然亦足感人五內，何邪？任情而發也。若夫作
詩不關性靈，爲文造情，則如心中悲苦而強顏歡笑者，即有幾分神似，亦不
得朦瞞他人，此因情不誠則神不眞也。是以作詩當本之胸襟，宣洩衷懷，不
可無疾而呻吟矣！

〔註44〕同註5。
〔註45〕《傳家集》卷六十。
〔註46〕《澹園續集》卷一〈刻蘇長公外集序〉。
〔註47〕同註5。
〔註48〕《臨川集》卷七十七〈上人書〉。
〔註49〕《澹園續集》卷九〈題寄心集〉。

　　至於其言詩以勸諭箴砭，乃本諸實用理念而發，而非以詩作歌功頌德，應世酬酢之用，而以詩敍述民間疾苦，諷勸國君，或教化風俗也，此實用理念則遠宗詩序，近承唐代杜甫及白居易矣！

　　然而焦竑亦嘗論及作詩須讀書，不當不讀書而鼓行詞場，又謂：「爲詩殫竭心力，方造能品。」，《筆乘》曰：

> 爲詩殫竭心力，方造能品，至於沛然自胸中流出，所謂不煩繩削而合，乃工能之至，非率易語也。〔註50〕

《筆乘》又曰：

> 葛常之云：「僧祖可作詩多佳句，如『懷人更作夢千里，歸思欲迷雲一灘。』，又『窗間一榻篆烟碧，門內四山秋葉紅。』，皆清新可喜，然讀書不多，故變態少，觀其體格，不過烟雲草樹，山川鷗鳥而已，徐師川乃極稱之，何邪？」，予謂讀書不多數語，最中學者之病，世乃有謂詩不關讀書者，遂欲不持寸鐵，鼓行詞場，寧不怖死？〔註51〕

惟焦竑於詩論著墨最多，乃詩以道性情與勸諭箴砭二事爲主。

第一目　發乎情性、直舉胸臆

　　遇困則憂，遭辱則怒，逢達則喜，居逆則悲，此人情之常也。人之情生諸內，大抵宣洩於外，有現於容色者，有顯於肢體者，亦有發於文字者，發於文字者，悲喜實含胸臆，不得已而摛詞以宣之者也，劉勰謂此爲「爲情而造文」，《文心雕龍》〈情采篇〉曰：

> 昔詩人什篇，爲情而造文，辭人賦頌，爲文而造情。何以明其然？
> 蓋風雅之興，志思蓄憤，而吟咏情性，以諷其上，此爲情而造文也。
> 諸子之徒，心非鬱陶，苟馳夸飾，鬻聲釣世，此爲文造情也。〔註52〕

爲情造文者情動於中而始執筆爲詩，故其詩情眞意切，而能動人肺腑，非無疾呻吟之造假情者可比也。焦竑論詩歌之創作，即重情性之抒發，不喜無疾而呻吟之作，〈竹浪齋詩集序〉曰：

> 詩也者，率其自道所欲言而已，以彼體物指事，發乎自然，悼逝傷

〔註50〕《焦氏筆乘續集》卷四〈不煩繩削〉。
〔註51〕《焦氏筆乘》卷四〈作詩不讀書〉。
〔註52〕《文心雕龍》卷七〈情采篇〉。

離，本之襟度，蓋悲喜在內，嘯歌以宣，非強而自鳴也。〔註53〕

詩者，蓋詩人欲抒胸中之鬱結，散懷中之憤懣，不得已而出，如百川灌河，奔溢四出，乃發乎自然，非強而為之也。是以詩人率羈人怨士，不得志之人，如「人之狹才，必有以用之，才不用於世，與用於世而不究其材，則必有所寓焉以自鳴。」，〔註54〕〈雅娛閣集序〉云：

> 古之稱詩者，率羈人怨士不得志之人，以通其鬱結而抒其不平。蓋離
> 騷所從來矣！豈詩非在勢處顯之事，而常與窮愁困悴者直邪！詩非
> 他，人之性靈之所寄也。苟其感不至，則情不深，情不深，則無以驚
> 心而動魄，垂世而行遠。吾觀尼父所刪，非無顯融腌厚者厝乎其間，
> 而諷之令人低佪而不能去，必於變風變雅歸焉可知也。〔註55〕

詩歌之所以感人五內，動人心魄，即其為性靈之所寄，情懷之所托，是以詩經三百篇中，得「令人低佪而不能去」者，焦竑以為必變風變雅之作。蓋此變風變雅之所述，皆勞夫民婦之至情也。又屈原之離騷，乃因屈原受讒臣之陷，流放僻壤，心憂國事，故內中忠憤感切，而發為文辭，如江河之水過龍門、三峽也。其辭能傳誦千古而不墜，不外其本之襟度，不得已而出此，「蓋悲喜在內，嘯歌以宣，非強而自鳴也。」〔註56〕曰：

> 孔子刪十五國風而為詩，大氐以微言通諷諭，壹以溫柔敦厚為宗。
> 是時楚詩以僻左，未錄于太師，至屈平者，軒翥詩人之後，一放而
> 為離騷，繇其忠憤感切，不得已而出此，此後世輒名之楚詞，而為
> 怨詩者咸歸之。甚者情匪鬱伊而囂聲鈞世，如七諫、九懷之流，類
> 矜激乎一致，蓋無疾而呻吟，非其質矣！嘗觀江河之在中國，演迤
> 千里，汩然浩然耳。至於巉嶤崛屼，與波撞衝，惟於龍門、三峽則
> 有之，非水之大凡也，藉令銜左徒之餘聲，失黃鐘之正響，是欲水
> 皆三峽、龍門也，詎不為利涉者病哉？〔註57〕

詩即為吾性靈之自然宣洩，故而無疾而呻吟者，如「莊忌、王褒非江潭汨羅之產而自托於楚聲」，〔註58〕皆為沽聲鈞譽者，實非詩道之正也。焦竑於〈陶

〔註53〕《澹園續集》卷二〈竹浪齋詩集序〉。
〔註54〕《澹園集》卷十五。
〔註55〕同註54。
〔註56〕同註53。
〔註57〕《澹園集》卷十六〈南遊草序〉。
〔註58〕同註57。

靖節先生集序〉又曰：

> 古者賢士之詠歎，思婦之悲吟，莫不為詩，情動於中而言以導之，
> 所謂「詩言志」也。後世摛詞者，離其性而自托於人偽，以爭須臾
> 之譽，於是詩道日微。〔註59〕

詩歌乃「情動於中而言以導之」，若為爭一時之譽，模仿剽奪，字字步入後
塵，句句拾人牙慧，以致捨情離性，無關胸臆，則其詩難高也。〈竹浪齋詩
集序〉又曰：

> 古賢豪者流，隱顯殊致，必欲洩千年之靈氣，勒一家之奧言，錯
> 綜雅頌，出入古今，光不滅之名，揚未顯之蘊，乃其志也。倘如
> 世論，於唐則推初盛而薄中晚，於宋又執李、杜而繩蘇、黃，植
> 木索塗，縮縮焉循而無敢失，此兒童之見，何以伏元和，慶曆之
> 強魄也。〔註60〕

〈劉元定詩集序〉曰：

> 古作者流，或以散鬱結之懷，或以抒經遠之致，觸遇成言，飛動增
> 勢，此物此志也。世人把三寸柔翰，鉛摘緹油，心量而手追，隨步
> 武之後，躡其遺塵，此寧復有詩也耶？〔註61〕

惟焦竑雖以情性為詩之本，然詩人之宣洩情懷，則非無所節制，其原則為：「懇
款切至，和平溫厚、婉委而有餘情。」〔註62〕也。詩之導情，當溫和厚道，
委婉而含蓄，若怨而多怒，或令讀者一望而看盡肺肝，此過於顯露或刻薄，
皆非是。〈刻晉遊草序〉云：

> 近世作者不循其本，而獨詞之知，刺譏憤懟，怨而多怒，瑰麗詭變，
> 諷多要寡，漫羨無歸，奚關理道？讀者於其肺肝底裏，可望而知之，
> 不待詞之畢矣！〔註63〕

故而其極贊賞友人王德載之詩，因王德載之詩：「不為靡曼剽奪之語，雖其和
平婉麗，溫而不怒，而情之所寄深矣！」，〔註64〕此不但是王德載詩集之長，
蓋亦為焦竑評論詩歌所持之準的也。

〔註59〕《澹園集》卷十六。
〔註60〕同註53。
〔註61〕《澹園集》卷十六。
〔註62〕同註49。
〔註63〕《澹園續集》卷二。
〔註64〕《澹園集》卷十五〈雅娛閣集序〉。

第二目　勸諭箴砭、憫事憂時

　　焦竑於文獨喜闡道濟時之用，不慕辭藻之華，於詩亦倡實用，〈題謝康樂集後〉一文中，即慨嘆南朝之際，風尚遷移，時人捨棄詩之用，而競逐辭藻之奇，竑曰：

> 嗟乎！詩至於此，又黃初、正始之一大變，棄淳白之用而騁丹臒之奇，離質木之音而競宮商之巧，豈非世運相乘，古樸易解，即謝客有不得自主者耶！〔註65〕

焦竑之詩主實用理論，〈使楚集序〉所敘最爲詳賅，曰：

> 古之學者誦詩三百，乃使於四方，行者天子賦四牡以勞之，其還報也，采詩以獻於朝，而太史錄其時世，以備勸戒，故曰：「國史明乎得失之跡，傷人倫之變，哀刑政之苛，吟詠情性，以諷其上，達於事變，而懷其舊俗。」詩之用也。自諸侯不貢詩，天子不采風，樂官不達雅頌，國史不明變世，降而詩教亡，文中子嘗三嘆於斯矣！
>
> 〔註66〕

所謂「行者天子賦四牡以勞之。」，乃錄自詩小序，所謂「明乎得失之跡，傷人倫之變，哀刑政之苛，吟詠情性，以諷其上，達於事變，而懷其舊俗。」，則引自詩大序，皆以詩爲諷勸國君，宣洩民情與布道宣教之工具，〈刻晉遊草序〉又曰：

> 古之論詩者，莫善於文中子矣！可諷可達，出則悌，入則孝，而多見治亂之情。至謝靈運之傲也，而乏於謹，沈休文之冶也，而悖於典，徐庾之誕，孝綽兄弟之淫，湘東之繁，率以人定之，而卒於王儉、任昉之約以則者，有取焉。〔註67〕

文中子蓋隋王通之私諡，其著作《中說》亦稱爲《文中子》，〔註68〕焦竑此處引《中說》之〈事君篇〉，文意不甚曉明，然而可知其持論亦未離乎實用，「可諷可達」當爲下民以詩諷勸國君，而民情足以上達之意，至如「出則悌，入則孝。」則爲詩教之功效也。又詩既爲吟詠情性，以風其上，故自可「多見治亂之情」矣！

〔註65〕《澹園集》卷二十二。
〔註66〕《澹園續集》卷二。
〔註67〕《澹園續集》卷二。
〔註68〕《中說》一書，歷代有疑其爲僞書者，焦竑於《筆乘》卷二文中子條舉證辯駁甚力，然此書之眞僞，非本文之討論範疇，故不具論。

　　推竑之說，詩人必欲有所爲而作，非但「嘲風雪，弄花草」〔註69〕而已，是以唐之杜甫與白居易之詩，焦竑對之贊譽有加，〈題寄心集〉曰：

> 後世詩與性離，波委雲屬，祇以爲流連之資，而六藝之義微，杜子
> 美力挽其衰，閔事憂時，動關國體，世推詩人之冠冕，良非虛語。
> 樂天雖晚出，而諷諭諸篇，直與之相上下，非近代詞人比也。〔註70〕

杜詩向有詩史之稱，以其詩能關涉時世之故也，若諷刺時政，敍民間苦難，哀戰亂之害，譏皇室之縱樂者也。其之兵車行，前出塞九首、新安吏、潼關吏、石壕吏、新婚別、垂老別、無家別、夏日嘆、後出塞五首、憶昔二首、鬥雞、解悶十二首之九、北征、哀江頭等皆爲是類之作也。故而焦竑於〈青谿山人詩集序〉中將之與李白並論，謂由李杜之詩可知曉時政之治亂升隆，即可「多見治亂之情矣！」，曰：

> 古今稱詩，莫盛於李、杜，學者誦其詩，莫不思論其世，至爲譜其
> 年以傳，蓋自毛、鄭以來皆然，不知羔羊、兔罝、考槃、碩人，其
> 人之進退隱顯，往往自見於詩，有不待譜而知者。故李、杜之詩編
> 年爲序，豈獨行役之往來，交游之聚散，與夫文藝之變幻、犁然可
> 考，而時之治亂升隆亦略具焉。昧者取其編、門分類析、而因詩以
> 論世之義日晦、余嘗嘆之。〔註71〕

杜詩關涉時世，白居易之詩亦然，其諷諭詩或責貪官污吏者，如不致仕、黑龍潭是也；或諷帝王荒淫者，如歌舞、輕肥、傷宅是也；或憫貧民者，如觀割麥、村居苦寒、採地黃是也；或嘆稅捐嚴苛者，如杜陵叟、納粟、賣炭翁、重賦是也，此皆合乎「閔事憂時，動關國體」矣！況白居易亦宣稱詩歌「非求宮律高、不務文字奇，惟歌生民疾，願得天子知」，〔註72〕「六義互鋪陳，風雅比興外，未嘗著空文」，〔註73〕即以詩補察時政，洩道人情也。是以焦竑稱譽此二人之詩，實非無據之言也。

　　至於其友陳第之詩，以能「言非有爲，不發於筆端，砭季代之膏肓，而起流俗之廢疾。」，符合風人之遺意，故焦竑謂其詩與杜甫，白居易不異也，其曰：

〔註69〕《白氏長慶集》卷二十八〈與元九書〉。
〔註70〕《澹園續集》卷九。
〔註71〕《澹園集》卷十六。
〔註72〕《白氏長慶集》卷一〈寄唐生詩〉。
〔註73〕《白氏長慶集》卷一〈讀張籍左樂府〉。

一齋陳子通五經，尤長於詩易，觀其伏羲圖贊，毛詩古音概可見已。
其為詩無非風人之遺意，言非有為，不發於筆端，砭季代之膏肓，
而起流俗之廢疾，蓋三致意焉。其溫厚爾雅，動物感時，而無所容
懟，此與子美、樂天何異？讀者以此求之，庶可脫近習，而還三百
篇之舊觀。〔註74〕

綜觀焦竑所言、其詩主實用之理論乃承自詩序，杜甫與白居易，而針對時弊
有感而發者也。

〔註74〕《澹園續集》卷九〈題寄心集〉。

第四章　焦竑之小學

　　古聖賢之言行與思想，能傳之今日，實依文字之功，故欲通經史百家，不可不明小學，故焦竑頗重視小學，視小學爲「九流之津涉，六藝之鈐鍵。」，曰：

> 竊謂士於小學，固九流之津涉，六藝之鈐鍵也。秦之吏人猶能誦爰
> 歷、滂喜，漢世童子無不通急就、凡將，至於今而滅裂甚矣！昔人
> 謂世無一物不識於書，而實無一人能譜其義，良可嘆也。〔註1〕

小學之名，古已有之，〈說文解字敍〉曰：「周禮：八歲入小學，保氏教國子先以六書。」此處之小學乃學舍之稱，非今之所謂小學，今之所謂小學，係指文字、聲韻、訓詁三者，乃研究字形、字音、字義者，焦竑所言之小學與今人看法同，本章敍論焦竑之小學，凡言涉及字形者，歸之文字學，涉及字音者，歸之聲韻學，涉及字義者，歸之訓詁學。

第一節　焦竑之文字學

　　中國文字，每一字之設，形、音、義三者渾合，如影隨形，見字形則可知其義，亦往往可得其音，然經累代之運用，不惟本義廢而借義行，字之本形亦以久經傳寫，而漸失其本眞。晚明之際，士人好奇字俗體，文字之本形，亦遭改易，〔註2〕焦竑所著之《俗書刊誤》卷一至卷四，即爲刊正俗書之誤，其自

〔註1〕　《澹園續集》卷二〈六書本義序〉。
〔註2〕　今存之明萬曆年間刊本，時時可見奇字俗體，以此可推測好用奇字俗體，乃
　　　　明末士人之風也。

序曰：「夫書有通於俗，無害於古者，從之可也；有一點一畫，轉仄縱橫，毫髮少差，遽懸霄壤者，亦可沿襲故常而不知變哉！」〔註3〕文字之原形，有改易一點一畫，轉折縱橫稍異者，其意則有天壤之別，如圯與圮：圯音移，楚人謂橋爲圯；而圮音痞，毀也。又如哂，笑也，俗作吲，非，吲與啞同，〔註4〕故焦竑於字形之一點一畫，刊正精嚴，不稍寬貸。《俗書刊誤》四卷，依平、上、去、入四聲，各聲爲一卷，各聲之下再分數韻或數十韻不等，如卷一平聲，則分爲：一東、二支、三齊、四魚、五模、六皆、七灰、八眞、九寒、十刪、十一先、十二蕭、十三爻、十四歌、十五麻、十六遮、十七陽、十八庚、十九尤、二十侵、二十一覃、二十二鹽等二十二韻。每韻之下分別繫字，先列其正字，再辨俗字之非。

焦竑刊正俗書之誤，於書內未言明俗書致誤之故，今就書中所列之字，分增義符而誤者，更易聲義符而誤者，增減筆劃而誤者，因簡字而誤者，改易部份筆劃而誤者，形近而誤者，分辨形似之字七項論述之。

第一目　增義符而誤者

由於文字不斷之運用，字義不免時有變化，引申或縮小，甚而全改異者，皆時有之，是故一字之本義，能歷久不易者甚寡，此爲文字演化必然之現象。後人不解其理，見某字之本義失，爲存其本義，遂復加一形符以存之。如「它」字，小篆作「𠁣」，爲蛇字之原形，因「它」借爲他義，本義不明，故又加一虫符。又如「且」字，本爲祖先之神主，因借爲他用本義漸失，亦復加一示符以別之。焦竑於《俗書刊誤》中，列舉是類之字，并逐字刊正。茲摘列於左：

（1）然，從火矣，俗更加火作燃，非。
（2）要，身中也，俗加月作腰，非。
（3）肴，從肉爻聲，更加食作餚，非。
（4）奉，原從廾手，加手作捧，非。
（5）臭，作嗅，非。
（6）芻，從艸，復加艹作蒭，非。
（7）回，作迴、廻，竝非。
（8）尊，作樽、罇、甒，竝非。

〔註3〕《俗書刊誤》卷首。
〔註4〕《俗書刊誤》卷一、二支，圯字；卷二，八軫、哂字。

（9）岡，俗加山作崗，非。

（10）州，俗更加水爲洲，非。

（11）采，從爪，俗作釆，非；加手作採，亦非。釆音辨。

（12）果，從木，俗又加艹作菓，非。

（13）韭，俗作韮，非。

（14）莫，俗加日，作暮，非。

（15）帚，俗作箒，非。

（16）暴，本作暴，從日；俗又加日作曝，非。

（17）卷，卷舒之卷，俗作捲，非。

　　焦竑所刊正諸字，不僅指明世俗之誤，亦可使世人知諸字之原形，然若就因形見意而論，凡此諸字附加一形符，固有添足之譏，而文字之用既已成習，不易導正，況其本義失，加一形符以存之，亦造字之法，不必嚴責也。

第二目　更易聲義符而誤者

　　形聲字因時代之更迭，南北之變異，其聲、義符乃不合於後世，後人欲求聲，義皆適於時用，故有更易聲符或義符者，如「驗」字本從馬僉聲，以音變之故，「僉」聲與「驗」本字之音不合，乃改從「念」聲，作「騐」，此爲更易聲符之例也；又如「峙」字本從止寺聲，「止」爲人足也，後人不知其義，遂改「止」爲「足」，作「跱」，此爲更易義符之例也。焦竑於是類之字皆視爲錯字，茲分更易義符、更易聲符二類舉例明之。

甲、更易義符而誤者

（1）雅，俗作鴉、鵶，竝非。

（2）館，作舘，非也。

（3）秕，從禾比，作粃，非。

（4）鹹，俗作醎，非。

（5）黏，俗作粘，非。

（6）糠，俗作糠，非。

（7）寄，寄也，出字林，今作僑，非。

（8）貓，俗作猫，非。

（9）弦，作絃，非。

（10）箋，俗作牋，非。

（11）牀，俗作床，非。

（12）鍊，俗作煉，非。

（13）階，俗作堦，非。

（14）脣，俗作唇，非。

（15）顋，俗作腮，非。

（16）鈔，俗作抄，非。

（17）隄，作堤，非。

（18）谿，作溪，非。

（19）椀，俗作碗，非。

（20）鼈，俗作鱉，非。

乙、更易聲符而誤者

（1）閤，作閣，非。

（2）箸，俗作筯，非。

（3）蹤，俗作踪，非。

（4）籤，俗作簽，非。

（5）鞵，作鞋，非。

（6）簡，俗作簡，非。

（7）筍，俗作笋。非。

（8）枬，俗作柟，非。

（9）鶪，俗作鵙，非。

（10）沾，俗作添，非。

（11）糧，作粮，非。

（12）譌，作訛，非。

（13）茅，俗作茆，非。

（14）拌，俗作拚，非。

（15）坤，俗作堃，非。

（16）珍，俗作珎，非。

（17）鉬，俗作鋤，非。

此類之字，或俗字行而正字廢；或俗，正字並行；或各具其義而行，已難分解，欲強之糾正，莫如順其自然為宜。

第三目 增減筆劃而誤者

文字之筆劃，往往以書寫之疏忽，或有意爲之，增減之現象，時而可見，如：「炙」作「炙」，「擊」作「擊」，此爲減筆之例也；「冊」作「冊」，「宦」作「窟」，此爲增筆之例也。茲以焦竑所列之字，舉例如左：

甲、因減筆而誤者

（1）富，俗作富，非。

（2）者，俗無點，非。

（3）蘊，俗作蘊，非。

（4）呂，俗作吕，非。

（5）羽，俗作羽，非。

（6）鞏，俗作鞏，非。

（7）皇，作皇，非。

（8）梁，俗作梁，非。

（9）曹，俗作曺，非。

（10）畏，俗作畏，非。

（11）敷，俗作敷，非。

（12）師，俗作師，非。

（13）梵，俗作梵，非。

（14）候，俗作候，非。

乙、因增筆而誤者

（1）私，俗作私，非。

（2）凶，俗作卤，非。

（3）閏，俗從玉，非。

（4）易，作易，非。

（5）丹，作冉，非。

（6）羌，從羊，從人，俗作羗，非。

（7）囂，從頁，俗作嚣，非。

（8）苗，從草從田，俗作苗，非。

（9）爽，俗作爽，非。

（10）市，俗作匝，非。

第四目　因簡體而誤者

　　中國文字筆劃繁多者甚眾，士人爲書寫之簡便，乃將文字原形簡化，或以筆劃較簡之字代之，成爲簡體字。焦竑《俗書刊誤》臚列簡體字甚多。茲分減省聲符及另造簡字二列條列之。

　　甲、減省聲符者

　　　（1）鐵，俗作鉄，非。

　　　（2）覺，俗作覔，非。

　　　（3）獨，俗作独，非。

　　　（4）過，俗作过，非。

　　　（5）變，俗作変，非。

　　　（6）曬，俗作晒，非。

　　　（7）數，俗作数，非。

　　　（8）邇，俗作迩，非。

　　　（9）讒，俗作謒，非。

　　　（10）鍼，俗作針，非。

　　　（11）權，俗作权，非。

　　　（12）遷，俗作迁，非。

　　　（13）難，俗作难，非。

　　　（14）淵，俗作渊，非。

　　　（15）還，俗作还，非。

　　　（16）觀，俗作观，非。

　　　（17）蘆，俗作芦，非。

　　　（18）蠦，俗作蛆，非。

　　　（19）機，俗作机，非。

　　　（20）彌，俗作弥，非。

　　　（21）燈，俗作灯，非。

　　乙、另造簡字者

　　　（1）體，俗作体，非。

　　　（2）義，俗文乂，非。

　　　（3）雙，俗作双，非。

　　　（4）莊，俗作庄，非。

（5）饕，俗作叨，非。

（6）靈，俗作灵，非。

（7）竈，俗作灶，非。

第五目　改易部份筆劃而誤者

文字行之既久，其原形必有遷異，除上述情形之外，亦有更易部份筆劃之字，茲依焦竑收錄之字，舉例如左：

（1）爽，俗作㸚，非。

（2）發，俗作䒥，非。

（3）受，俗作受，非。

（4）歲，俗作歳，非。

（5）晉，俗作晋、晉，竝非。

（6）覷，俗作覰，非。

（7）冀，作兾，非。

（8）鎖，俗作鎻，非。

（9）蘂，俗作蕋，非。

（10）恥，俗作耻，非。

（11）廉，俗作㢘，非。

（12）看，從手從目，俗作看，非。

第六目　形近而誤者

文字書寫時，以二字形體相似，致一字受另一字影響而誤者，如：「祭」受「登」之影響，而誤寫爲「祭」；「穎」字常從「禾」，因「禾」與「示」之形體相似，故誤爲「穎」。此類之字焦竑收錄甚多，舉例如左：

甲、氵誤為冫

（1）沖，俗作冲，非。

（2）涼，俗作凉，非。

（3）減，俗作减，非。

（4）盜，俗作盗，非。

（5）羨，俗作羡，非。

（6）淨，俗作凈，非。

（7）潔，俗作潔，非。

（8）滅，俗作滅，非。

乙、九誤為丸

（1）染，從水從九，俗作丸作染。

（2）軌，俗作軌，非。

（3）宄，俗作究，非。

丙、人誤為卜

（1）咎，從人各，人各則相違而事乖也，從卜非。

（2）臥，從臣從人，俗作卧，非。

丁、口、厶相互誤植

（1）罥，音絹，從网，俗作罥，非。

（2）兌，從人厶聲，說、銳皆從此，作兊，非。

（3）罜，俗作罜，非。

（4）強，俗作强，非。

（5）鉤，俗作鈎，非。

（6）句，俗作勾，非。

（7）隕，作隕，非；損作損，竝非。

（8）參，一作參，俗稱叅，非。

（9）員，從口從貝，俗作貟，非。

（10）涓，俗作涓，非。

戊、隹誤為佳

（1）崔，俗作崔，非。

（2）集，俗作集，非。

（3）奪，俗作奪，非。

己、殳、攴相互誤植

（1）役，俗作伇，非。

（2）投，俗作扠，非。

（3）沒，俗作没，非。

庚、大、犬相互誤植

（1）突，從犬，從大，非。

（2）馱，負物也，從馬從大，作馱，非。

（3）獎，俗作奬，非。

辛、朮誤為木

（1）術，俗作術，非。

（2）殺，從朮，俗從木，非。

壬、白誤為曰

（1）習，俗作習，非。

（2）皆，俗作皆，非。

癸、專誤為專

（1）縛，俗作縛，非。

（2）摶，音剟，從專，音團。

（3）博，俗作博，非。

（4）傅，音付者從專，音敷，與傳不同，傳從專。

子、西誤為西

（1）哂，俗作哂，非。

（2）西，俗作西，非。

丑、朿、束相互誤植

（1）策，俗作策，非。

（2）速，疾速之速作速，非。

（3）棗，俗作棗，非。

寅、水、小相互誤植

（1）黍，俗作黍，非。

（2）膝，俗作膝，非。

（3）恭，俗作恭，非。

（4）泰，俗作泰，非。

卯、彳誤為犭

（1）徇，俗作狥，非。

（2）很，俗作狠，非。

辰、委誤為妥

（1）捼，俗作挼，非。

（2）餧，俗作餒，非。

巳、負誤為頁

（1）賴，俗作頼，非。

（2）嬾，俗作孄，非。

第七目　分辨形似之字

吾國文字，形體相似者甚多，僅一點一劃之別而已為他字矣，是以士人運用之際，時有誤用者，如：「睢」誤為「雎」；「穀」之誤為「穀」，焦竑於茲類之字亦有分辨，茲舉例列之如左：

（1）刃，作刄，非；作刅亦非；刅，初良切，傷也，與此別。

（2）謚，音侍，俗作諡，非；諡音益，笑貌，與此別。

（3）登，禮器也，從肉又從豆，右手奉肉加豆也，與登異，登，升也。

（4）滔，凡慆、蹈之類，從舀，舀音由；陷、諂、閻之類，從臽，臽音限，二字不可混用。

（5）祆，音軒，胡神，從天，唐官品有祆正，與袄異。

（6）隹，音追，說文：鳥之短羽者摠名，如：睢、睢、雞、集、雖之類，皆從隹；從佳，非，佳音加。

（7）毋，禁止辭，從女，與母異，母內兩點，象乳形。

（8）西，混作西，非，西音亞，賈、覆字，從此。

（9）丰，音峯，手，柯邁切，二字異。

（10）鍾，酒器作鍾，樂器作鐘。

（11）衹，音其，氏下點，音脂，與此別。

（12）祦，福也，從示，與裮字不同。

（13）巳，音以，己一音似，已音紀，混用非。

（14）厎，音止者，致也，從厂，厂音漢，上無點；音砥者，下也，從广，广音儼，上有點，今多混。

（15）夲，音叨，玉篇：「往來見貌。」，與根本之本字不同。

（16）戌，戌亥之戌，與征戍之戍異，九月陽氣入地，戊含一也，故從戊從一為戌；戍，人荷戈也，故從人從戈為戍。

（17）駮，獸如馬，食虎豹，與駁異，駁，馬色不純也。

第二節　焦竑之聲韻學

焦竑無聲韻學類之專門著述，然其《筆乘正續集》，及《俗書刊誤》中，論及字音之條目則時而可見，其中以刊正字音與論古音爲大要，茲述焦竑之聲韻學，即以此二類爲主。

第一目　論古音

字音隨世而變，理之必然，後人不明，以後世之音，讀周秦有韻之文，有不合者，遂以當時之音改讀字音，以求合韻。沈重《毛詩音》謂之「協句」，徐邈《毛詩音》謂之「取韻」，唐之陸德明《經典釋文》，則謂之「協韻」，所名不同，而其旨意則同，焦竑之《毛詩古音攷序》曰：

> 詩必有韻，夫人而知之，乃以今韻讀古詩，有不合輒歸之於叶，習而不察，所從來久矣！吳才老、楊用修著書始及之，猶未斷然盡以爲古韻也。〔註5〕

《筆乘》卷三〈古詩無叶音〉條目之下又曰：

> 詩有古韻今韻，古韻久不傳，學者于毛詩離騷，皆以今韻讀之，其有不合，則強爲之音，曰此叶也。

焦竑以爲古韻與今韻異，此叶音之說不可信，〈毛詩古音攷序〉曰：「余少讀詩，嘗深疑之，迨見卷軸寖多，彼此互證，因知古韻自與今異，而以爲叶音者謬耳。」〔註6〕乃舉「虞」、「仇」二字讀音爲例，曰：

> 予意不然，如：「騶虞」，一虞也，既音牙，而叶葭與犯，又音五紅反，而叶蓬與豵；「好仇」，一仇也，既音求，而叶鳩與洲，又音渠之反而叶遠，如此則東亦可音西，南亦可音北，上亦可音下，前亦可音後，凡字皆無正呼，凡詩皆無正字矣！〔註7〕

若因欲使詩協於今韻，而依己意改之，其結果則「凡字皆無正呼，凡詩皆無正字矣！」〔註8〕是非理之常也，其於《筆乘》卷三〈古詩無叶音說〉中，又以「下」、「服」、「降」、「澤」等四字，論其古韻之歸屬，并舉證以論之，曰：

> 如：「下」今在禡押，而古皆作虎音，〈擊鼓〉云：「于林之下。」上

〔註5〕《澹園集》卷十四。

〔註6〕同註5。

〔註7〕《筆乘》卷三〈古詩無叶音〉條。

〔註8〕同註7。

韻爲「爰居爰處。」;〈凱風〉云:「在浚之下。」,下韻爲「母氏勞苦。」;
〈大雅〉緜:「至于岐下。」,上韻爲「率西水滸。」之類也。「服」
今在屋押,而古皆作迫音,〈關雎〉云:「寤寐思服。」,下韻「輾轉
反側。」;〈有狐〉云:「子之無服。」上韻爲「在彼淇側。」;〈騷經〉:
「非時俗之所服。」,下韻爲「依彭咸之遺則。」;《大戴記》,孝昭冠
詞:「始加昭明之元服。」,下韻「崇積文武之寵德。」之類也。「降」
今在絳押,而古皆作攻音,〈草蟲〉云:「我心則降。」,下韻爲「憂
心忡忡。」;騷經:「惟庚寅吾以降。」,上韻爲「朕皇考曰伯庸。」
之類也。「澤」今在陌押,而古皆作鐸音,〈無衣〉云:「與子同澤。」,
下韻爲「與子偕作。」;〈郊特牲〉:「草木歸其澤。」,上韻爲「水歸
其壑,昆蟲無作。」之類也。此等不可殫舉,使非古韻,而自以意叶
之,則「下」何皆音虎,「服」何皆音迫,「降」何皆音攻,「澤」何
皆音鐸,而無一字作他音者耶?〈離騷〉漢魏去詩人不遠,故其韻皆
同,世儒徒以耳目所不逮,而鑿空附會,良可嘆矣!

案焦竑此以詩經及離騷爲例,以證「下」古音皆虎,「服」古音皆迫,「降」
古音皆攻,「澤」古音皆音鐸,但未如陳第及爾後之古韻學者,作有系統之分
析,其論古韻即以此爲止,無復有古韻之專著,論其古韻學之成績,雖無清
儒之鉅,然駁正叶韻說之謬,則與陳第同功也。

第二目　訂正字音

文字或因假借衍生,或因方域之別,一字往往有數種音讀,而同一字,
音不同則其義往往殊異,若不知音讀,自難確知其義,是故一字之字音不能
不曉,焦竑明瞭此理,於字音亦多所辨正,茲分破音字之考證,訛音之訂正,
特殊人名、國名、地名正讀三項敍述之:

甲、破音字之考證

一字以字義之不同而有數種讀音,此類之字稱爲破音字。焦竑於《俗書
刊誤》及《筆乘》中,即列有甄三音、齊八音、從五音、緣六音、湛七音、
敦有九音之條目,茲舉例如左:

1. 甄有三音。焦竑舉證曰:

(1)《漢書》:「甄表門閭。」,靈覘自甄之甄,音在眞韻,之人切。

（2）《左氏》：「左甄右甄。」，軍之兩翼也。音稽延切。

（3）《周禮》典同：「薄聲甄。」注：「掉也，鐘病也。」音在震韻，之刃切。（《俗書刊誤》卷十，頁3上）

2. 敦有九音。焦竑舉證曰：

（1）《禮記》〈中庸〉：「敦厚以崇禮。」音墩。

（2）《詩》：「敦彼獨宿。」音堆。

（3）《樂記》：「樂者敦和。」音純。

（4）《詩》：「敦彼行葦。」賈誼賦：「何足控敦。」並音團。

（5）《詩》：「敦弓既堅。」《廣韻》：「天子弓也。」音雕。

（6）《周禮》：「每敦一几。」敦，覆也，音幬。

（7）《周禮》：「度量敦制。」注：「敦，布帛幅廣也。」音準。

（8）《周禮》：「珠槃玉敦。」《禮記》〈明堂位〉：「有虞氏之兩敦。」音對。

（9）《爾雅》：「敦邱如覆。」敦音鈍。（《筆乘》卷六，又見《俗書刊誤》卷十，頁5）

3. 湛七音。焦竑舉證曰：

（1）《詩》：「湛湛露斯。」又人姓，晉有湛方生。音丈陷切。

（2）〈大人賦〉：「紛湛湛而差錯兮。」音從感切。

（3）〈內則〉：「湛諸美酒。」音如浸。

（4）〈月令〉：「湛饎必潔。」〈淮南子〉：「東風至，而酒湛溢。」義與漸、瀸同，音尖。

（5）《楚辭》：「湛湛江水兮，上有楓。」《漢書》：「浮英華，湛道德。」又〈揚雄傳〉有：「深湛之思。」音如沉。

（6）〈九辯〉：「乘精氣之搏搏兮，騖諸神之湛湛，駭白霓之習習兮，歷羣靈之豐豐。」音羊戎切。

（7）《詩》：「如樂且湛。」音躭。（《俗書刊誤》卷十，頁4下）

4. 繇六音。焦竑舉證曰：

（1）黃履翁云：「漢高帝繇咸陽。」則與徭同。

（2）〈孝文紀〉：「無繇教訓其民。」則與由同。

（3）〈古今人表〉：「咎繇。」則與陶同。

（4）〈李尋傳〉：「繇俗。」則與謠同。

（5）韋孟《詩》：「犬馬繇繇。」則與悠同。

（6）〈班固賦〉：「模先聖之大繇。」則與猶同。（《俗書刊誤》卷十，頁 4
上）

乙、訛音之訂正

《俗書刊誤》及《筆乘正續集》中，列有焦竑刊正世人音讀之誤者，茲
舉例如左：

1. 刺，七迹切，多言貌。管子：「焉能去刺刺，而焉咢咢乎？」韓文：「語
刺刺不能休是也。」俗多誤讀，又史記：「刺繡文。」亦音此。（《俗書
刊誤》卷五，頁 3 下）

2. 廿，俗音念者誤。焦竑引顏之推〈稽聖賦〉曰：「魏嫗何多，一孕四十，
中山何夥，有子百廿。」廿，音入，而集反。說文：「二十并也。」（《俗
書刊誤》卷五，頁 6 下）

3. 宿，二十八宿之宿，韻略音秀，今俗多作此讀，誤也。焦竑舉證云：
（1）陰符經：「天發殺機，移星易宿，地發殺機，龍蛇起陸。」
（2）古語：「知星宿，衣不覆。」（《筆乘續集》卷五星宿條下）
故竑以為「宿」與「陸」、「覆」為韻，則可知宿不讀「秀」。

4. 亢，俗者剛，誤。焦竑引爾雅曰：「壽星，角亢也。」注云：「數起角亢，
列宿之長，有高亢之義。」可知不音剛。（《筆乘續集》卷五，〈星宿〉
條下）

5. 氐，俗音低，誤。焦竑引《爾雅》：「天根，氐也。」注：「角亢下繫於
氐，若木之有根。」故而焦竑謂氐讀如《周禮》：「四圭有邸。」；〈漢
書〉：「王邸。」之邸，不音低。（《筆乘續集》卷五〈星宿條〉下）

6. 觜，音訾，亦誤。焦竑曰：「西方白虎，而參觜為虎首，有觜之義，不
音訾。」（《筆乘續集》卷五〈星宿條〉下）

丙、特殊人名、國名、地名正讀

古代人名、國名及地名，或以方音胡語，或以漢、魏古音，致使讀音有
異，是類之讀音，史書之中時而可見。焦竑《俗書刊誤》卷六〈略記駢字〉
與《筆乘續集》卷五〈夷狄名姓異音〉條下，收有此類讀音。茲舉例如左：

1. 人名讀音
（1）日磾，音密低。
（2）冒頓，冒，莫北反；頓音獨，匈奴名。

（3）谷蠡，音鹿離，匈奴名。

（4）可汗，音克寒。

（5）万俟，人姓，音墨祈。

（6）嫪毐，嫪音勞，去聲；毐音靄，人姓名。舊注：「人無行也。」非。

（7）食其，音異基。

（8）閼氏，音煙支。

2. 國名讀音

（1）烏秅，音鴉茶，國名。

（2）煇粥，音熏育，五帝紀：「北逐煇粥。」

（3）龜茲，音鳩慈，國名，班史讀作丘慈，范史作屈沮。

（4）月氏之氏，音支。

（5）契丹之契，音乞。

（6）先零，音銑燐。

（7）康居之居，音渠。

（8）朝鮮，音招先，日初出即照其地，故名。近多誤讀爲潮，非。

3. 地名讀音

（1）曲逆，地名，音去遇，陳平封國。

（2）敦煌之敦，音屯。

（3）樂浪，音洛郎。

（4）浩亹，音浩門。

第三節　焦竑之訓詁學

　　焦竑於文義訓解用力甚勤，嘗作《易筌》六卷、《禹貢解》一卷、《考工記解》二卷、《陰符經解》一卷、《老子翼》三卷與《莊子翼》八卷，前三書除《易筌》，其餘二書已佚，後三書及《易筌》則皆爲集前人註解而成者，難以確定竑之訓詁方式及內容，惟《筆乘正續集》與《俗書刊誤》所錄之經義闡釋及字詞之訓解，則可推知其一二。

第一目　經義釋證

　　《筆乘》言及經義之條目，大抵有《詩經》、《尚書》、《公羊》、《論語》等

書，茲舉例如左：

甲、詩　經

1. 〈衛風淇澳〉：「瞻彼淇澳，綠竹猗猗。」《毛傳》注綠爲王芻，竹爲萹竹；陸機謂綠竹爲草名，其莖葉似竹，青綠色，高數尺，詞賦皆引爲竹事，誤也。焦竑駁之曰：

> 按傳曰：「淇衛箘簵。」又曰：「淇衛之箭。」又云：「下淇園之竹以爲楗。」又曰：「伐淇園之竹以爲矢。」是淇之產竹，自古而然。詩曰：「綠竹猗猗。」言竹之初生，其色綠也。長則綠轉而青矣，故曰：「綠竹青青。」卒章又曰：「如簀。」言其甚也。毛、陸之說未可從。（《筆乘》卷一，綠竹條）

2. 〈衛風木瓜〉曰：「投我以木瓜，報之以瓊琚。」又曰：「投我以木桃，報之以瓊瑤。」又曰：「投我以木李，報之以瓊玖。」《毛傳》曰：「木瓜、楙木，可食之物也。」焦竑駁之曰：

> 按詩之意，乃以木爲瓜爲桃爲李，如今所謂假果者，亦畫餅土飯之義耳。初學記六帖於木瓜門，引衛風木瓜之詩，亦誤。」（《筆乘續集》卷四，木瓜條）

3. 〈邶風匏有苦葉〉：「雝雝鳴雁，旭日始旦；士如歸妻，迨冰未泮。」親迎執雁，先儒謂取不再偶之義，焦竑不以爲然，駁之曰：

> 蓋古人重冠、昏，皆以士而用大夫車服，不以爲僭。大夫相見執雁，昏禮既以士而服大夫之公服，乘大夫之墨車，則見婦翁，不得不用大夫之贄禮矣！士宜執鳧，奚執大夫之雁？取其攝盛也。若謂親迎之始，遂期其將來如孤雁失不再偶，不謂祥乎？（《筆乘》卷三，奠雁條）

4. 〈召南騶虞〉曰：「吁嗟乎騶虞。」《毛傳》曰：「騶虞，義獸也。」焦竑則以爲騶虞爲官名，非獸名。因舉證曰：

> 今攷《周禮》〈射人〉：「以射法治射儀，王以六耦，射三侯，三獲三容，樂以騶虞，九節五正。」《禮記》〈射義〉亦云：「天子以騶虞爲節樂，備官也。」則「騶虞」蓋指此詩，而謂之備官，則非獸明矣！《說文》：「騶，廄也。」〈月令〉：「天子教於田獵，以習五戎，班馬政，命僕及七騶咸駕。」注謂：「僕，戎僕也。」此即《周禮》掌佐車之政，設驅逆之車，令獲者植旌，乃獻比禽者是也。又云：「天子

馬有六種，各一騶主之，并總主六騶者爲七騶也。」即《周禮》辨六馬之屬。六繫爲廄，廄一僕夫，六廄成校，校有左右是也。《左傳》：「晉悼公初立，使程鄭爲乘馬御，六騶屬焉，使訓群騶知禮。」則騶爲掌廄之官無疑矣。〈舜典〉：「咨，汝益，作朕虞。」《周禮》：「山虞掌山林之政，若大田獵，則萊山田之野及弊田，植虞旗于中，致禽而珥焉。澤虞掌國澤之政，若大田獵，則萊澤野及弊田，植虞旗以屬禽者是也。」則虞爲掌山澤之官無疑矣！（《筆乘》卷一，〈騶虞〉條）

5. 〈小雅常棣〉：「棠棣之華，鄂不韡韡。」不，焦竑以爲風無切，本作柎，其舉證曰：

《說文》：「鄂，足也。」草木房爲柎，一曰花下萼，通作不，即今言華蒂也。湖州有餘英溪、餘不溪，蓋此地有梅溪、苕溪，其流相通，故曰餘英，餘不，義可見矣！若作方鳩切，則本注說文：「不，鳥飛上翔不下來也。」與溪水全不相涉。左傳華不注山，人皆讀入聲，誤也。古不字讀作缶音，或俯音，並無作逋骨切者，今讀如卜，乃俗音耳。惟伏琛《齊記》引摯虞《畿服經》作柎，言此山孤秀，如花跗之注於水，深得之矣。太白《詩》：「昔我遊齊都，登華不注峯，茲山何峻秀，彩翠如芙容。」亦可證也。（《筆乘》卷二，〈鄂不〉條）

乙、尚　書

1. 〈文侯之命〉：「馬四匹。」焦竑以爲古今言一匹馬，皆指一馬也。舉證曰：

《文心雕龍》曰：「古名馬以匹，蓋馬有駢服，以對竝爲稱，雙名既定，雖單亦復稱匹，如匹夫匹婦之稱匹是也。」《韓詩外傳》謂馬夜行目光所及，與匹練等似，不如劉說爲長。（《筆乘續集》卷四，〈匹馬〉條）

2. 〈禹貢〉：「導渭自鳥鼠同穴。」孔傳謂鳥鼠共爲雌雄，同穴而處。蔡沈《書集傳》斥孔說爲怪誕，棄而不取，焦竑則以爲孔說不誤。曰：

按：甘肅志，涼州之地，有兀兒鼠者，形狀似鼠，尾若贅疣，有鳥曰本周兒者，形似雀，色灰白，常與兀兒鼠同穴而處，所謂鳥鼠同穴也。涼州唐屬隴右道，然則孔說非誕。（《筆乘續集》卷四，鳥鼠同穴條）

丙、論 語

1.〈述而〉:「自行束脩以上,未嘗無誨焉。」焦竑以爲束脩非謂脯贄也,蓋言自行束帶脩飾之禮以上。因舉證曰:

> 漢延篤曰:「吾自束脩以來,爲人臣不陷於不忠。」梁商曰:「王公
> 束脩厲節。」賈堅曰:「吾束脩自立,君何忽忽相謂降邪?」此可證,
> 然古自有指脯贄爲束脩者。檀弓曰:「束脩之問,不出境。」穀梁曰:
> 「束脩之肉不行境中是也。」(《筆乘》卷一,〈束脩〉條)

丁、公羊傳

1.《公羊傳》桓公十六年:「屬負茲,舍不即罪爾。」注:「天子有疾稱不豫,諸侯稱負茲,大夫稱犬馬,士稱負薪。」焦竑謂此皆漢禮之名。又傳注:「言負茲者,負事繁多,故致疾;言犬馬者,代人勞苦,行役遠方,故致疾;言負薪者,祿薄不足代耕,故致疾;衛朔屬負茲,蓋託疾以免罪也。」竑謂此皆出漢儒之意。其釋「負茲」曰:

> 今按茲,新生艸也,故从艸絲立意,艸一年一生,故古人以茲爲年。
> 《呂氏春秋》云:「今茲美禾,來茲美麥。」《古詩》云:「爲樂當及
> 時,何能待來茲。」茲字皆訓年。諸侯稱負茲,言己年老有疾也,
> 一說。《史記》:「斂武王入商,康叔封布茲。」注云:「茲,蓐席也。」
> 然則負茲者,蓋言有疾而負蓐,如所謂伏枕類耳。(《筆乘》卷三,
> 屬負茲條)

觀竑之經義闡釋,引證詳賅精當,非空憑胸臆妄言者可比,當可爲後世訓解經義者之範例也。

第二目 字義訓釋

訓釋一字之義,焦竑大抵能依字形之結構分析字義,《筆乘》卷六漢儒失制字之意與韓詩誤解字兩條目,即以字形結構駁正音訓之誤,茲舉例如左:

> (1) 父,矩也,以法度教子也。焦竑駁之曰:「父子從又從丨,又即
>   手字,丨即杖,以手執杖,言老而尊也。」(《筆乘》卷六,漢儒
>   失制字之意)
>
> (2) 母,牧也,言育養子也。焦竑駁之曰:「母字從女從兩點,女而加
>   乳,象哺子形也。」(同上)

（3）子，孜也，以孝事父，常孜孜也。焦竑駁之曰：「子字上象其首，中象其手，下象并足，始生襁褓之形。」（同上）

（4）男，任也，任功業也。焦竑駁之曰：「男字從田從力，壯而力田，供爲子職也。」（同上）

（5）夫，扶也，以道扶接也。焦竑駁之曰：「夫字從天而出，象妻之所天也。」

（6）婦，服也，以禮屈服也。焦竑駁之曰：「婦字從女從帚，女而持帚，承事舅姑之義。」（同上）

（7）君，《韓詩外傳》云：「君者何也？曰：群也，爲天下萬物而除其害者也。」焦竑駁之曰：「古文君字 ![古文君字] 從 ![彐] 從 ![口]，取端拱南面，出命令而無爲之義也。李斯小篆，從尹從口，許愼《說文》云：『從尹從口以發號。』晉悼公曰：『臣之求君，以出令也。』此君子之義也。」（《筆乘》卷六，〈韓詩誤解字〉）

（8）王，《韓詩外傳》云：「王者何也，曰往也，天下往之謂之王。」焦竑駁之曰：「董仲舒曰：『古之造文者，三畫而連其中，謂之王。三者，天地人也，而參通之者，王也。』孔子曰：『一貫三爲王。』李陽冰曰：『王者之王，中一畫近上，王者則天之義。』此王字之義也。」（同上）

除以字形結構析釋字義，焦竑亦標字音，如：「駃，音閭，唐會要：『驛傳曰使駃。』」，「弝，音欺，弓強而偏曰弝。」然焦竑訓釋一字之義，形、音、義皆論及者不多見，大抵言形意則未言音，或言音義則不言形，或單言義，茲分述如左：

甲、標示音義者

（1）蹄，獸足曰蹄，平聲；足相躄曰蹄，去聲。《莊子》〈馬蹄篇〉：「喜則交頸相靡，怒則分背相蹄。」蹄音剔。（《俗書刊誤》卷五記字義）

（2）闖，音竭門斜開也。《國語》：「闖門而與之言。」即此，公羊作踦閭，而語意同，俗譌爲闖，別是一字。（同上）

乙、標示形義者

（1）疊，古作疊，三晶，祭肉積也，宜，祭器也，揚子雲以疊爲古理官決罪，三日得其宜，故從三日從宜，是誤以會意解象形也。子雲

多識奇字，猶爾何責於莽哉？（同上）

（2）窳，勞也，郭璞曰：「勞苦者多惰窳也。」言懶人不能自起，如瓜瓠在地，故從瓜，又懶人恆在室中，故從穴。（同上）

丙、單言其義者

（1）苛，小草也，今但知爲苛政之苛。（同上）

（2）藐，紫草也，今但知爲藐然之藐。（同上）

（3）藎，染草也，今但知爲忠藎之藎。（同上）

丁、形音義俱全者

（1）武，從戈從止，戈見其義，止見其聲也。古歌舞之舞作䙴；振撫之撫作𢼊；廊廡之廡作庑，今竝從無，武之從止，亦猶是耳。左氏云：「止戈爲武。」誤也。武有止義，何以云偃武乎？（同上）

（2）矏，《說文》：「低目視也，從夏門聲，弘農湖縣有矏鄉，汝南西平有矏亭。」俗作閿，非。師古曰：「夏，舉目使人，音無分切。」郭璞音汝授切，其失遠矣！（同上）

單字之訓釋，存於焦竑之著作中，數量不多，惟《俗書刊誤》卷五略記字義列有三十餘條，其中又非全爲解義者，亦含單注音讀者，然由此中可知，焦竑訓釋字義，知由字形論字之本義，且能引證說明，雖不可謂皆圓融無疵，然亦可知焦竑之訓釋字義，非因循舊說俗論，而草草爲之而已也。〔註9〕

〔註 9〕此章參考林師慶彰之《明代考據學》。

第五章　焦竑之史學

　　焦竑對史相當重視，嘗謂：「史者當國之龜鏡，萬載之眉目也。」，〔註1〕
並謂：「國可滅，史不可滅也。」〔註2〕惜其並無如劉知幾《史通》之史學專
著，論史之篇章亦不多，惟〈論史〉、〈修史條陳四事議〉、〈師資論統序〉等
二、三篇，今論其史學即以此爲據，分事述之。

第一節　得其人專其任

　　史職之繁重，非常人可勝任，即有倚馬萬言之能，亦非即良史之材，章
學誠曰：「詞采以爲才，非良史之才。」〔註3〕是故焦竑以爲語史則必得其人
而專其任，曰：

> 史之職重矣，不得其人，不可以語史，得其人不專其任，不可語史，
> 故修史而不得其人，如兵無將，何以稟令，得其人不專其任，如將
> 中制，何以成功？蘇子謂史之權與天與君並，誠重之也。〔註4〕

良史之才當爲何？唐劉知幾始論是事，以才、學、識三者爲要件，并嘆良史
之才難得，曰：

> 史有三長：才、學、識，世罕兼之，故史者少。夫有學無才，猶愚
> 賈操金，不能殖貨；有才無學，猶巧匠無楩柟斧斤，弗能成室。善
> 惡必書，使驕君賊臣知懼，此爲無可加者。〔註5〕

〔註1〕《澹園集》卷二十三，《國史經籍志》〈起居注小序〉。
〔註2〕《澹園集》卷五〈修史條陳四事議〉。
〔註3〕《文史通義》卷二〈內篇〉二、〈言公〉上。
〔註4〕同註2。
〔註5〕《新唐書》劉知幾本傳，是處錄於史通通釋附錄。

焦竑未嘗言及史官之才、學、識，然甚重史官之德，萬曆二十一年，大學士
陳于陛建議修國史，欲焦竑專領其事，焦竑上〈修史條陳四事議〉，曰：

> 國初修書，多招四方文學之士，不拘一塗，近日內閣題請，實合此
> 意，但世道日衰，人情不美，未得學行之人，徒爲奔競之地，其于
> 纂修，無益有損，況今承明，著作之廷，濟濟多士，供事有餘，寧
> 須外索？〔註6〕

纂修國史，爲求良史之才，廣招四方文士，本爲正途，焦竑見當時「世道日
衰，人情不美，未得學行之人。」以爲其中除星曆、樂律、河渠三項，須訪
精通此學者，餘則「決當謝絕，勿啓倖門。」，曰：

> 中惟星曆、樂律、河渠三項，非專門之人，難于透曉，宜移文者，
> 直訪有精通此學者，或召其人，或取其書，史官就問，大加刪潤，
> 以垂永久，此外，決當謝絕，勿啓倖門。〔註7〕

焦竑以世道日衰，人情不美，而不贊同廣求四方人士，此即以道德爲取捨標
準，亦即是否爲良史之才，品德修養爲其要件，然道德與修史何干？焦竑曰：

> 漢時號曰太史令，郡國計吏，上計太史，然後以其副上之丞相、御
> 史，而又父子世其官。或有欲書而不得書，則父子爭死其職。是以
> 上而官寢燕息之微，下而政務得失之大，以至當世之大人顯者，勢
> 力烜赫，或可迨於王誅，而卒莫逃史筆。〔註8〕

蓋史官記事以直書實錄爲貴，所謂善惡畢彰，妍媸並錄，令昏君賊臣無以遁
逃，然史官記事遭強權惡勢之干預，乃時有之事。焦竑曰：

> 自二史虛員，起居闕注，衣冠百家，罕通述作，求風俗於郡縣，討
> 沿革於臺閣，著作無主，條章靡立，人自以爲荀袁，家自以爲政、
> 駿矣！而又置監修者以總之，欲紀一事，載一言，必行關白。法春
> 秋者曰：「必須直辭。」宗尚書者曰：「宜多隱惡。」甚者孫盛實錄，
> 取嫉權門，王韶直書，見仇貴族，致使閣筆含毫，狐疑相仗，劉知
> 幾謂之「白首可期」，汗青無日，蓋嘆之也。〔註9〕

故史官，一旦受威嚇利誘，不免有隱飾妄言，甚而取悅諂媚，罕有能爲史職

〔註6〕同註2。
〔註7〕同註2。
〔註8〕《澹園集》卷四〈論史〉。
〔註9〕同註8。

而死者，是焦竑之特重史官之德者，實乃有所感而發也。

第二節　蒐羅典籍，儲備史料

　　史官修纂史書，非憑空撰造可得，必有史料爲資藉，始得成書，猶之巧婦治膳，若無穀米肉菜之材，亦難爲美食佳肴也。焦竑曰：

> 古之良史多資故典，會稡成書，未有無因而作者，即今金匱石室之中，當備有載籍，以稱昭代右文之治。臣向從多士之後，讀中秘之書，見散失甚多，存者無幾，藉令班、馬名流，何以藉手。〔註10〕

史料爲史官撰述之憑依，若史料不全，或散失大半，史實則難知其詳，難考其眞，即使司馬遷、班固之史家，亦難下手撰著也。唐劉知幾《史通》曰：

> 向使世無竹帛，時闕史官，雖堯、舜之與桀、紂，伊、周之與莽、卓、夷、惠之與跖蹻，商、冒之與曾、閔，但一從物化，墳土未乾，則善惡不分，妍媸永滅者矣。〔註11〕

又曰：

> 夫英賢所出，何國而無，書之則與日月長懸，不書則與煙塵永滅。
> 〔註12〕

史事之能留傳，蓋依之典籍，不然事過境遷，其人已亡，其事自亦隨之消散，後人何能知曉？若堯舜之美政，桀紂之惡行，不書之典冊，不傳於後，則何者爲賢，何者不肖，信難知之。故而歷朝皆有史官登錄史事，存之典籍，是爲實錄，以爲後人稽考，而後世史官之撰述，即恃此而作。焦竑深知其理，以爲朝廷常備有圖書典籍，不足或散佚，皆應補足，謂明太祖即嘗下詔徵求散佚於民間之遺書，明成祖永樂初亦從解縉之請，令禮部擇通知典籍者，四出購求遺書，「此不但史學有資，而於聖世文明之化，未必無補。」曰：

> 前漢郡國計書，先上太史，副上丞相，後漢公卿所撰，初集公府，亦上蘭台，史官所修于是爲備。國初聖祖伐燕，屬大將軍收秘書監圖書典籍、太常法服、祭器、儀衛，及天文儀象、地理、戶口、板籍，既定燕，詔求遺書散民間者。永樂初，從解縉之請，令禮部擇

〔註10〕同註2。
〔註11〕《史通》卷十一〈史官建置〉。
〔註12〕《史通》卷九〈煩省〉。

通知典籍者，四出購求遺書。合無倣其遺意，責成省直提學官加意
尋訪，見今板行者各印送二部，但有藏書故家，願以古書獻者，官
給以值，不願者亦抄寫二部，一貯翰林院，一貯國子監，以待纂修
誦讀之用，即以所得多寡爲提學官之殿最，書到置立，簿籍不時稽
考，放失如前者，罪之不貸，此不但史學有資，而於聖世文明之代，
未必無補。〔註13〕

焦竑不僅建議朝廷蒐集典籍史料，且亦私自著手編纂史料，明萬曆四十六年
刊行之《玉堂叢語》，即爲此而作，其書〈玉堂叢書語〉曰：

余自束髮，好覽觀國朝名公卿事蹟，迨濫竽詞林，尤欲綜竅其行事，
以待異日之參考。此爲史職，非第如歐陽公所云誇於田夫野老而已
者。〔註14〕

此書蓋仿《世說新語》而成，是類之書，世之視爲稗官野史，或筆記小說，
焦竑則以爲史職，可知其編纂是書絕非苟且爲之，乃以史家之志成之者也。
顧起元爲此書作序曰：

其人則自鼎甲館選，而旁及于徵辟薦舉之遺賢，其事則自德行、政
事、文學、言語，而微摭于諧謔，排觝之卮言；其書則自金鑛石室，
典冊高文，而博採于稗官野史之餘。〔註15〕

可知《玉堂叢語》網羅之人事，甚廣且博也。又萬曆二十一年修國史之時，
網羅四海舊聞，輯成《國朝獻徵錄》一百二十卷，是書採錄極博，自洪武迄
嘉靖，凡宗室、戚畹、勳爵、內閣、六卿以下各官，分類標目；其無官者，
則以孝子、義人、儒林、藝苑等目分載之。其中所錄蓋爲神道碑、墓誌銘、
傳記之文，雖非自撰，然其用心則頗深鉅。萬斯同《石園文集》卷七〈寄范
筆山書〉曰：

弟向嘗流覽前史，粗能記其姓氏，因欲徧觀有明一代之書，以爲既
生有明之後，安可不知有明之事，故嘗集諸家記事之書讀之，見其
牴牾疏漏，無一足滿人意者。……惟焦氏《獻徵錄》一書，搜採最
廣，自大臣以至郡邑吏，莫不有傳，雖妍媸備載，而識者自能別之，
可備國史之採擇者，惟此而已。

〔註13〕同註2。
〔註14〕《玉堂叢語》卷省。
〔註15〕《玉堂叢語》卷首。

萬斯同謂《國朝獻徵錄》「搜採最廣」,「可備國史之採擇」,可了然其重是書之意。《國朝獻徵錄》之外,焦竑又編有《熙朝名臣實錄》二十七卷,此書雖已佚,《四庫提要》曾著錄此書,謂前有焦竑自序,自云明代諸帝有實錄,而諸臣之事不詳,因撰此書。其意蓋欲存史料以備修史之用也。《四庫提要》又曰:

> 自王侯將相及士庶人,方外緇黃僮僕妾伎,無不備載,人各爲傳。
> 蓋宋人實錄之體,凡書諸臣之卒,必附列本傳,以紀其始末,而明
> 代實錄則廢此例,故竑補修之。其書郭子興諸子之死,及書靖難諸
> 臣之事,略無忌諱。又如紀明初有通曉四書等科,皆明史選舉志及
> 明會典所未載;韓文劾劉瑾事,有太監徐智等數人爲之內應,亦史
> 傳所未詳,頗足以資考證。〔註16〕

此書之分量或不及《國朝獻徵錄》,而其採羅史事之廣,蓋可與之並也。由焦竑所編之《玉堂叢語》、《國朝獻徵錄》、《熙朝名臣實錄》,吾人可知其注重史料之儲備典藏,非僅徒爲口說,且親自踐履而黽勉從事於斯焉。

第三節　褒貶人倫,懲惡揚善

孟子嘗曰:「世衰道微,邪說暴行有作,臣弒其君者有之,子弒其父者有之,孔子懼,作春秋。」〔註17〕又曰:「孔子成春秋而亂臣賊子懼。」〔註18〕孔子作春秋何以能使亂臣賊子懼?孟子之意蓋以爲孔子於春秋之中下有褒貶,此褒貶係對史書中之人物,而非褒貶史實。褒貶人物即對史書中人物作道德批判,而其批判之準則,則仁義也。〈太史公自序〉曰:「上大夫壺遂曰:『昔孔子何爲而作春秋哉?』太史公曰:『余聞董生曰:周道衰廢,孔子爲魯司寇,諸侯害之,大夫壅之。孔子知言之不用,道之不行也,是非二百四十二年之中,以爲天下儀表;貶天子,退諸侯,討大夫,以達王事而已矣。』」〔註19〕史中人物之言行合乎仁義者則褒之,不合仁義則貶之。此外,春秋三傳之公羊、穀梁、左傳亦同此說,如隱公三年,春秋記曰:「尹氏卒。」公羊傳曰:「夏四月,辛卯,尹氏卒,尹氏者何?天子之大夫也。其稱尹氏何?貶。曷爲貶?譏世卿,世卿非禮也。」,自此,後代之儒士承此說者甚繁,焦竑即

〔註16〕《玉堂叢語》附錄。
〔註17〕《孟子》〈滕文公篇〉下。
〔註18〕同註17。
〔註19〕《史記》卷一百三十、〈太史公自序〉第七十。

其一，〈刻子由古史序〉曰：

> 子固有言：史者所以明夫天下之道也。三代之作，非獨載其行事，蓋并其深微之意而傳之，漢承周衰，及秦滅學之餘，雜家與聖學並騖，如遷者亦儁偉拔出之才矣！而不勝其務博好奇之意，雖其貫穿馳騁，極於閎闊，而不合於道者固已多矣！〔註20〕

案焦竑言史書非獨載行事，亦寓深微之意，此深微之意，即道德批判，批判之目的，可舉司馬遷〈太史公自序〉之所言，曰：「夫春秋上明三王之道，下辨人事之紀，別嫌疑，明是非，定猶豫，善善惡惡，賢賢踐不肖，存亡國，繼絕世，補敝起廢，王道之大者也。」〔註21〕楊士勛〈春秋穀梁注疏序〉曰：「春秋接于隱公，故因茲以記始，該二儀之化育，贊人道之幽變；舉得失於彰黜陟，明成敗以著勸誡，拯頹網以繼三五，皷芳風以扇流塵。」，二人之意不外指史書之道德批判，目的在於「善善惡惡，賢賢賤不肖。」也，亦即懲惡揚善，焦竑〈刻通鑑紀事本末序〉曰：

> 余謂古之有史，爲憂小人而作也，楚史之名檮杌，而孟子亦曰：「春秋成而亂臣賊子懼。」蓋世之興且治也，必由於退小人，而其衰且亡也，必由於排君子，豈不知衰與亡之爲患哉？而愛惡取舍，或眩於是非，或亂於諛佞，往往不能合於大公。及夫世改時移，君子作而正論起，鄙夫僉人卑陋嵬瑣之論，譬如白日出而魍魎消，嚴霜降而蛇蝎避，雖其終無以自文，而業無救於危亡之禍矣！〔註22〕

焦竑是處申論孟子之意，以爲古之有史，爲憂小人而作，故知其以史爲懲惡之工具，甚且有視史書爲道德附庸之意〈修史條陳四事議〉又曰：

> 竊聞舊例，大臣三品以上，乃得立傳。夫史以褒貶人倫，豈論顯晦，若如所聞，高門雖跖、蹻亦書，寒族雖夷、鯀並詘，何以闡明公道，昭示來茲？謂當貴賤並列，不必以位爲斷，一也。世傳「吾學編」、「名臣錄」之類，多係有名公卿，至權姦誤國之人，邪佞欺君之輩，未一紀述。令循此例，使巨惡宵小，幸逃斧鉞，史稱檮杌，義不其然，謂當善惡並列，不必以人爲斷，二也。〔註23〕

〔註20〕《澹園續集》卷三。
〔註21〕同註19。
〔註22〕《澹園續集》卷一。
〔註23〕同註2。

焦竑言列傳之撰修，當貴賤並列，善惡並舉，此似言修史必實錄不因史官之好惡而有所偏頗，然焦竑之意，則以褒貶人倫為目的，以為如鄭曉「吾學編」與「名臣錄」專收名公大卿，至若誤國之權姦，欺君之邪佞，皆未紀述，如是豈能闡明公道，懲惡揚善哉！然史官之定褒貶，焦竑不以史官私人之好惡為準據，而以史實定是非，故而史料中之記述：「褒貶出之胸臆，美惡係於愛憎」者實繁，焦竑以為皆須改正，曰：

> 累朝實錄，稟于總裁，苟非其人，是非多謬，如謂方正學為乞哀，于肅愍為迎立，褒貶出之胸臆，美惡係其愛憎，此類實繁，難以枚舉。至於野史小說，尤多不根，今歷世既多，公論久定，宜乘此舉，亟為改正。〔註24〕

修史猶如斷獄，言人人殊，必先識是非得失，興衰理亂之大歸，始可定褒貶，否則以善為惡，以忠為奸，能服人之口，難服人之心，曰：

> 夫史譬之獄也，先哲之評，言人人殊，所以讞獄也。周禮鄉士、遂士、訝士，辨罪小大而上之司寇，達於王，而復命三公參聽之，其謹如此。況古之行事，非參眾論而覈其本末，則是非得失、興壞、理亂，尚未識其大歸，而何以定褒貶、予奪之所在，史之論贊，人具有之，往往語焉不詳。〔註25〕

史實未考定清楚則難以定褒貶，因之史官撰修史書，當先徵實方採拾入史，司馬遷之史記，焦竑謂其不廢群籍，收摭鄙細，其間不免體製不醇，根據疏淺，甚有通於小說者，此乃因司馬遷務博好奇，未徵實考訂也。曰：

> 古之為史，創於馬遷，而萬世卒無以易者，其文至矣。乃其以一人馳騁數千載之上，又當秦焚滅之後，經典殘缺，不無疏脫舛誤於其間，其紀、傳、志、表，自相矛盾者，亦往往有之。〔註26〕

又曰：

> 迨司馬遷作史記，務博而好奇，於孔子所不敢道者，皆采而實之，其事雖備，而去闕疑之意遠矣！〔註27〕

又曰：

〔註24〕同註2。
〔註25〕《澹園續集》卷二〈師資論統序〉。
〔註26〕《澹園續集》卷一〈古史序〉。
〔註27〕《澹園續集》卷二〈祝氏族譜序〉。

　　夫良史如遷，不廢羣籍，後有作者以資采拾，奚而不可，但其體製
　　不醇，根據疏淺，甚有收摭鄙細，而通於小說者，在善擇之而已。
　　　〔註28〕
綜竑所述，其主修史爲褒貶善惡，與其論文以闡道教化爲用，意實相通也。

〔註28〕《澹園集》卷二十二〈國史經籍志雜史小序〉。

第六章　結　論

　　綜觀焦竑之著述，知其博觀多識，涉及之範疇，不惟義理辭章而已，史學、目錄學、小學以及考據學亦囊括不遺。今依前五章所述，其學術足以影響當世或為先驅者，有下列數事：

　　一、儒家學術略而分之，則為「內聖」與「外王」二事，內聖指道德修為，外王則指經世濟時之務，宋明之學者雖大費筆墨唇舌議論道德理論與修為，然亦不擲棄經世致用，即「外王」之學。明末王學末流之蔽，乃因僅於「內聖」一事著力，執信「良知現成」，以為即心體悟自可成德致聖，故愈走愈向裡，導致廢行廢學，束書不觀，而空言性命。因此王學於明末清初遂為眾矢之的，為學者所批判。王學學者面臨此一批判思潮，唯一可為者，即自我修正，清初之黃宗羲、孫奇逢與李顒，即倡躬實踐，回歸經典，及經世救時，且調合朱陸學說，以修正王學。

　　焦竑為明末王學後裔，以良知為道德根源，故重內省功夫，而力主復性，甚而執「三教同一道」之論。學者譏為禪學。然焦竑斥責時人「喜為空談，不求實踐」，[註1]「典籍滿前，乃束書不觀」，[註2]又嘗謂：「夫學不知經世，非學也」，[註3]「多聞擇其善者而從之，多見而識之，是孔子所自言，豈非聖學？」[註4]由是得知，焦竑亦重經世致用，博學多聞，與躬身實踐，此一論述正為清初黃宗羲、孫奇逢、李顒三人修正王學之先導，亦為清初實學思

〔註1〕　《澹園續集》卷二〈神交館集序〉。
〔註2〕　《筆乘續集》卷四〈韓忠獻條〉。
〔註3〕　《澹園集》卷十四〈荊川先生右編序〉。
〔註4〕　《澹園集》卷四十八〈古城答問〉。

潮之先聲，固而焦竑之思想可視爲明中晚期與清初之過渡思想，地位頗爲重要。

二、明弘治、正德年間，以李夢陽、何景明爲首之前七子，及嘉靖年間，以李攀龍、王世貞爲首的後七子，提倡文學秦漢、古詩遵漢、魏，近體宗盛唐之復古運動，其本意蓋欲學詩習文，由模擬上乘之作著手，因「學其上僅得其中，學其中斯爲下矣。」〔註5〕立意甚佳，可惜其後學演爲剽竊奪掠古人文句之惡習，焦竑提出「脫棄陳骸，自標靈采」，〔註6〕以糾責之。並謂：「詩非他，人之性靈之所寄」，〔註7〕「蓋悲喜在內，嘯歌以宣，非強而自鳴也。」〔註8〕意謂詩當直舉胸臆，發乎情性，不可無疾呻吟也。稍晚之公安派亦反對勦襲模擬與力主抒發性靈，則與焦竑相似，又袁中郎集中有送焦弱侯老師使楚因之楚訪李宏甫先生〔註9〕一文，故公安派之文學理論多少受焦竑之影響，因此其詩文理論可視爲公安派之前驅。

三、焦竑頗重小學，以爲小學爲「九流之津涉、六藝之鈐鍵」，〔註10〕其著有《俗書刊誤》一書，專訂正俗書中字形、字音之誤，又著有筆乘、《筆乘續集》二書，不惟訂字形辨音韻，亦証釋經義與單字字義，數量不少，利於世人讀書用字。然其古音提出古詩無叶音說，於學界貢獻甚大。字音隨世轉移，乃必然之事，即古音與今音自不同，然後代之人，不解其理，以當代之音，讀周秦有韻之文，遇不合者，即以當代之音改易，以求合押韻。此叶韻之說，行之甚久，至焦竑與陳第始指其誤，而論古音者往往僅提及陳第之毛詩古音考、屈宋音義。焦竑之古詩無叶音及毛詩古音考序亦述及古音，故焦竑闡述古音說，由開啓古音學之功論之，蓋可與陳第並列之。

四、焦竑論史之篇章，惟論史、修史條陳四事議、師資論統序等二、三篇，然而焦竑蒐集史料則成績可觀，其編纂之《玉堂叢語》、《國朝獻徵錄》、《熙朝名臣實錄》、《焦氏類林》、《明世說》及《皇明人物考》，皆史料著作，可謂數量豐碩，其中尤以《國朝獻徵錄》一百二十卷，採輯最廣，清之史學家萬斯同對是書極爲讚賞，稱此書「搜採最廣，自大臣以至郡邑吏，莫不有

〔註5〕《四溟詩話》卷一。
〔註6〕《澹園集》卷十二〈與友人論文〉。
〔註7〕《澹園集》卷十五〈雅娛閣集序〉。
〔註8〕《澹園續集》卷二〈竹浪齋詩集序〉。
〔註9〕此說參考郭紹虞〈中國文學批評新論〉354頁。
〔註10〕《澹園續集》卷二〈六書本義序〉。

傳，雖妍媸備載，而識者自能別之，可備國史之採擇者。」，〔註11〕以而焦竑雖無如唐劉知幾《史通》與清章學誠《文史通義》之專著，然其蒐集史料之功則不可沒。

　　由以上四事觀之，焦竑於明末學術之貢獻，可謂廣且鉅，故而論及晚明之學術，焦竑之學當不容忽視。

〔註11〕《石園文集》卷七〈寄范筆山書〉。

參考書目

壹、引用及參考書目

1. 《毛詩正義》，唐孔穎達，新文豐出版社。
2. 《詩經詮釋》，屈萬里，聯經出版事業公司。
3. 《尚書集釋》，屈萬里，聯經出版事業公司。
4. 《四書集註》，宋朱熹，世界書局。
5. 《禮記正義》，唐孔穎達，新文豐出版社。
6. 《兩蘇經解》，宋蘇軾、蘇轍，明萬曆畢氏刊本。
7. 《易程傳、易本義》，宋程頤、朱熹，世界書局。
8. 《春秋左傳注》，楊伯峻，源流出版社影印本。
9. 《春秋公羊傳注疏》，漢何休解詁、唐徐彥疏，新文豐出版社。
10. 《春秋穀梁傳注疏》，晉范甯集解、唐楊士勛疏，新文豐出版社。
11. 《說文解字注》，漢許慎撰，清段玉裁注，漢京文化事業公司影印本。
12. 《古音學發微》，陳新雄，文史哲出版社。
13. 《中國文字學史》，胡樸安，商務印書館。
14. 《中國音韻學史》，張世祿，商務印書館。
15. 《中國音韻學》，王力，漢京文化事業公司。
16. 《漢語史稿》，王力，泰順書局。
17. 《明史》，張廷玉等，鼎文書局。
18. 《明史稿》，王鴻緒，文海出版社。
19. 《明史》，題萬斯同，美國國會圖書館抄藏本。
20. 《本朝分省人物考》，明過庭訓，明天啓年間原刊本。

21. 《列朝詩集小傳》，清錢謙益，世界書局。

22. 《明詩綜》，清朱彝尊，世界書局。

23. 《明名臣言行錄》，清徐開任，清康熙采山堂刊本。

24. 《南雷文案》，清黃宗羲，商務印書館。

25. 《中國史學史稿》，劉節，中州古籍出版社。

26. 《中國史學史》，金靜庵，鼎文書局。

27. 《史通通釋》，唐劉知幾撰、清浦起龍釋，里仁書局。

28. 《史記》，漢司馬遷，鼎文書局。

29. 《京學志》，明焦竑等，明萬曆年間刊本。

30. 《文史通義校注》，清章學誠撰、民國葉瑛校注，仰哲書局。

31. 《國朝獻徵錄》，明焦竑，明萬曆錢塘徐象橒刊本。

32. 《江寧縣志》，清佟世燕修、戴本孝纂，清康熙刊本。

33. 《明狀元圖考》，明顧祖訓，明萬曆年間刊清初武林，陳氏增補本。

34. 《疑年錄》，清錢大昕，咸豐三年刊本。

35. 《明儒學案》，清黃宗羲，華世出版社標點本。

36. 《國史經籍志》，明焦竑，明萬曆間陳汝元校原刊本。

37. 《論衡》，漢王充，世界書局。

38. 《春秋繁露》，漢董仲舒，河洛書局影印本。

39. 《荀子集解》，清王先謙，藝文印書館。

40. 《老子翼》，明焦竑，廣文書局。

41. 《莊子翼》，明焦竑，廣文書局。

42. 《焦氏筆乘》，明焦竑，商務印書館。

43. 《陰符經解》，明焦竑，萬曆年間繡水沈氏尚白齋刊本。

44. 《俗書刊誤》，明焦竑，商務印書館。

45. 《澹園集》，明焦竑，明萬曆黃雲蛟刊本。

46. 《澹園續集》，明焦竑，金陵叢書乙集之九。

47. 《中原文獻子集》，明焦竑，明萬曆年間新安汪宗淳等刊本。

48. 《養正圖解》，明焦竑，明萬曆吳懷讓刊本。

49. 《玉堂叢語》，明焦竑，明萬曆曼山館刊本。

50. 《焦氏類林》，明焦竑，明萬曆年間秣陵王元貞刊本。

51. 《中國哲學史大網——中國哲學問題史》，張岱年，源成圖書文化供應社。

52. 《宋明理學研究》，張立人，中國人民大學出版社。

53. 《宋明理學概述》，錢穆，學生書局。

54. 《中國人性論史（先秦篇)》，徐復觀，商務印書館。

55. 《中國哲學史》，馮友蘭。

56. 《明代思想史》，容肇祖，開明書局。

57. 《中國哲學史》，勞思光，三民書局。

58. 《晚明理學思想通論》，陳福濱，環球書局。

59. 《高子遺書》，明高攀龍，環球書局。

60. 《小心齋箚記》，明顧憲成，廣文書局。

61. 《耿天台先生文集》，明耿定向，文海書局影印萬曆年間刊本。

62. 《龍溪王先生全集》，明王畿，廣文書局。

63. 《象山先生全集》，宋陸九淵，中華書局。

64. 《王陽明全書》，明王守仁，正中書局。

65. 《白沙子全集》，明陳獻章，河洛書局。

66. 《焚書、續焚書》，明李贄，漢京文化事業公司。

67. 《李溫陵集》，明李贄，文史哲出版社。

68. 《東坡全集》，宋蘇軾，世界書局。

69. 《群玉樓集》，明張燮，明崇禎年間閩漳張氏家刊本。

70. 《震澤長語》，明王鏊，藝文印書館。

71. 《太函副墨》，明王道昆，明崇禎六年刊本。

72. 《鄒子願學集》，明鄒元標，明徐弘祖等重刊本。

73. 《白居易集》，唐白居易，漢京文化事業公司。

74. 《滄浪詩話》，宋嚴羽，河洛書局。

75. 《四溟詩話》，明謝榛，廣文書局。

76. 《文心雕龍註》，劉勰撰、范文瀾註，文史哲出版社。

77. 《杜詩鏡詮》，唐杜甫撰、清楊倫注，漢京文化事業公司。

78. 《二程集》，宋程顥，程頤，漢京文化事業公司。

79. 《謝康樂集》，劉宋謝靈運，明萬曆年間刊本。

80. 《明太祖御製文集》，明朱元璋，學生書局。

81. 《升菴外集》，明楊慎，明萬曆年間顧起元校刊本。

82. 《臨川集》，宋王安石，世界書局。

83. 《張于湖集》，宋張于湖，明崇禎張弘開二張集本。

84. 《唐荊川先生纂輯武編》，明唐順之，明萬曆年間曼山館刊本。

85. 《皇明人物考》，明焦竑，明萬曆年間三衢舒承溪重刊本。

86. 《歷科廷試狀元策》，明焦竑，明末刊本。

87. 《七言律細》，明焦竑，明萬曆年間曼山館刊本。

88. 《五言律細》，明焦竑，明萬曆年間曼山館刊本。

89. 《蘇長公二妙集》，宋蘇軾，明天啓錢塘徐象橒曼山館刊本。

90. 《兩漢萃寶評林》，明焦竑輯，明萬曆年間坊刊本。

91. 《續文章軌範評林》，明鄒守益選，日本明治年間鹿兒島縣刊本。

92. 《中國文學批評史》，郭紹虞，明倫書局。

93. 《中國文學批評史》，羅根澤，學海出版社。

94. 《中國文學批評史》，劉大杰等，文滙堂。

95. 《中國文學發展史》，劉大杰，華正書局。

96. 《明代考據學研究》，林師慶彰，學生書局。

97. Chiao Hung and the restructuring of Neo-Confucianism in the late Ming. New York Columbia Univ. 1986 錢新祖著唐山出版社代理。

貳、引用及參考論文

1. 《焦竑及其思想》，容肇祖，燕京學報二三期，民國 27 年 6 月。

2. 《焦竑國史經籍志的評價》，昌彼得師，屈萬里先生七秩榮慶論文集，聯經出版事業公司。

3. 《焦竑之史學思想》，李焯然，書目季刊一五卷四期，民國 71 年 3 月。

4. 《焦竑及其玉堂叢語》，李焯然，食貨月刊一二卷六期，民國 71 年 9 月。

5. 《焦竑之三教觀》，李焯然，東方，1982。

6. 《焦竑與陳第一明末清初古音學研究的兩位啓導者》，李焯然，語文雜誌七期，1981 年 6 月。

7. 《焦竑及其國史經籍志》，李文琪，東海大學中研所七十五學年度碩士論文。

8. 《讀焦竑漢書藝文志》，吳之英，國專月刊四卷二、三期，民國 25 年 10、11 月。

9. 《焦弱侯訪問記》，費海璣，暢流五三卷一期，民國 65 年 2 月 16 日。

10. 《李卓吾研究初編》，林其賢，東吳大學中研所七十一學年度碩士論文。